हमें बहुत सारे फूल चाहिए

पहल सीरीज़–2

हमें बहुत सारे फूल चाहिए

अफ़ज़ाल अहमद सैयद

लिप्यन्तरण

राजकुमार केसवानी

वाणी प्रकाशन

वाणी प्रकाशन
4695, 21-ए, दरियागंज, नयी दिल्ली 110 002
शाखा
अशोक राजपथ, पटना 800 004
फ़ोन: +91 11 23273167 फ़ैक्स: +91 11 23275710
www.vaniprakashan.in
vaniprakashan@gmail.com
sales@vaniprakashan.in

HAMEIN BAHUT SARE PHOOL CHAHIYE
by Afzal Ahmed Syed
Transliteration : Rajkumar Keswani

ISBN : 978-93-87648-53-1
Collection of Poetry

प्रथम संस्करण

मूल्य : ₹ 395

सिटी प्रेस, दिल्ली-110 095 में मुद्रित
वाणी प्रकाशन का लोगो मक़बूल फ़िदा हुसेन की कूची से

अगर हम गीत न गाते

मैं उत्तर प्रदेश के एक 'बिछड़े हुए जिला' ग़ाज़ीपुर में पैदा हुआ। वालिदैन (माता–पिता) ने जब ढाका को हिजरत की, मेरी उम्र एक साल से भी कम थी।

बचपन पुराने ढाका में गुज़रा और जवानी के बेशतर अयाम ढाका की मज़ाफ़ात में। याद नहीं कब शायरी ने मुझे अपने इश्क़ में गिरफ़्तार किया। तालिब इल्मी के ज़माने से लेकर अब तक अगर कोई शेर पसन्द आ जाये तो किसी सहर–ज़दा (जादू के असर में) की तरह उसे गुनगुनाता हुआ सड़कों पर निकल जाता हूँ। मैं एक कम सुख़न, कम आमेज़ और गोशा गीर शख़्स (कम बोलने वाला, कम मिलने वाला, एकान्तवासी) था और शायद वैसा ही रह जाता कि बांग्लादेश की जंगे–आज़ादी शुरू हो गयी। 1971 में मैंने ज़िन्दगी और मौत दोनों को ही बे–नक़ाब देख लिया। अचानक कुछ अशआर मुझसे सर ज़द हो गये।

इत्तिफ़ाक़ात ने मुझे 1974 में बहर–ए–रूम के किनारे एक ख़ूबसूरत शहर में पहुँचा दिया। मगर मेरा बैरूत भी खाना जंगी की तबाही की ज़द में आ गया। ज़िन्दगी और मौत के नक़ाब की जो तहें बच रही थीं, वह भी उतर गयीं।

और फिर मैं कराची आ गया, जो मेरी वापसी के बाद से तूफ़ान में घिरे हुए एक जिद्दी जहाज़ की तरह तन्द–ओ–तेज़ मौजों से मज़ाहिमत (प्रतिरोध) किये जा रहा है। कराची जो मुझे पसन्द है, इतना कि मुअतादाद मवाक़े (अनगिनत अवसर) होते हुए भी मैं इसे छोड़कर नहीं गया।

ज़ाती ज़िन्दगी भी तलातुग खेज़ (उथल–पुथल भरी) गुज़री, मगर उसका बयान फिर कभी।

मुझ जैसा हादिसाती शायर (A poet by default) किस तरह की शायरी कर सकता है।

यही कि उन लोगों के बारे में लिखे, जिन्हें आँखों पर पट्टियाँ बाँधकर क़ैदियों की गाड़ियों में ढकेला जा रहा है। उस लड़की के बारे में बताये जो सारी दुनिया से ज़्यादा आज़ाद और ख़ुश है क्योंकि उसका वतन दोबारा आज़ाद हुआ है। एक कासनी फूल को याद करे। एक पुल का ज़िक्र करे जो पानी की सतह से नीचे रह गया। एक छतरी के बारे में कहे जो शायर के दिल में बन्द रह गयी। उन परसतारों (प्रशंसकों) को दिखाये जो गुलदस्ते और दावतनामे के बग़ैर मौसीक़ी सुनने पहुँच जाते हैं। यह शायरी उँगली में चुभ जाने वाली सूई की नोक का दिल की तरफ़ सफर है। उस लड़की की तस्वीर है जो अपने आँसू एक नाज़ुक हेयर ड्रायर से सुखाती है। यह शायरी याद रखती है बचपन के फीरोज़ी और सफ़ेद फूलों वाली तामचीनी की प्लेट को जिसमें रोटी मिलती थी। यह शायरी समझती है कि मुहब्बत कोई नुमायाँ निशान नहीं जिससे लाश की शिनाख़्त में आसानी हो। उस आदमी की शायरी है जो मिट्टी की कान का मज़दूर है। यह शायरी देखती है कि मुहब्बत के हुदूद पर ख़त्म लिख दिया गया है। गिलास हाथ से गिरकर टूट जाये तो यह शायरी बहुत–सी नज़्में बना देती है। एक ऐसे शायर की नज़्में हैं जो अपने ज़ख्मी शहर को बहुत सारे फूलों से ढाँकना चाहता है। जो शेर सिर्फ़ इसलिए लिखता है कि वह समझता है कि ज़िन्दगी कभी न जान सकती कि हम उससे क्या चाहते हैं, अगर हम गीत न गाते।

–अफ़ज़ाल अहमद सैयद

भूमिका

अफ़ज़ाल अहमद सैयद–यह नाम हमारे ज़माने में उर्दू के गद्य–काव्य (Prose poems) का सबसे लोकप्रिय नाम है। उनकी नज़्मों का पहला संग्रह 'छीनी हुई तारीख़' के शीर्षक के साथ 1984 में प्रकाशित हुआ था। उस ज़माने में किताबें आज की तरह इतनी बड़ी तादाद में नहीं छपती थीं। इसीलिए कविता या कहानी की कोई नयी किताब अगर छपती थी, और उसमें जान होती थी, तो लोग उसे हाथोंहाथ लेते थे। अफ़ज़ाल अहमद सैयद की किताब का छपना भी उर्दू के साहित्य जगत का एक ईवेंट बन गया। उर्दू के परम्परावादी कवियों में उसे आमतौर पर शक की नज़र से देखा गया। लेकिन ऐसे पाठक, जो पुरानेपन से तंग आ चुके थे, और नये ज़माने की कविता में एक नया सौन्दर्य या नया स्वाद ढूँढ़ रहे थे, उन्हें अफ़ज़ाल की किताब पसन्द आयी। हमारे यहाँ हिन्दी दुनिया तक भी अफ़ज़ाल का नाम और कलाम पहुँच गया और उनकी शायरी को एक नया एतबार मिला, ज्ञानरंजन की पत्रिका 'पहल' के वास्ते से। ज्ञानरंजन सारी दुनिया का अच्छा अदब शौक़ से पढ़ते हैं। आज के वातावरण और आज की चेतना से हमआहंग अदब उन्होंने 'पहल' के माध्यम से अपने पढ़ने वालों तक भी पहुँचाया। उन्हें यह फ़ैसला करने में देर नहीं लगी कि अफ़ज़ाल अहमद सैयद की कविताएँ हिन्दी वालों तक भी पहुँचनी चाहिए। 'पहल' का एक विशेषांक उन्होंने अफ़ज़ाल अहमद सैयद को समर्पित कर दिया। उसकी रूपरेखा तैयार की और मुझे हुक्म दिया कि इस विशेषांक के लिए अफ़ज़ाल अहमद सैयद और उनकी कविता के बारे में एक नोट हिन्दी वालों के लिए तैयार करूँ। उधर मेरा अपना ख़याल भी यह था कि 'छीनी हुई तारीख़' आधुनिक उर्दू काव्य के इतिहास में एक बड़े ईवेंट के तौर पर सामने आयी है। उनके हुक्म के मुताबिक़ मैंने देवनागरी में चार–पाँच पृष्ठों का एक नोट तैयार किया जो 'पहल' के इस विशेषांक में

भूमिका के तौर पर छापा गया। अब सूरते–हाल यह है कि उर्दू की नयी कविता का हर पाठक आमतौर पर अफ़ज़ाल अहमद सैयद के नाम के साथ अपनी बात शुरू करता है। मेरा ख़याल है कि अफ़ज़ाल अहमद सैयद हमारे ज़माने में उर्दू गद्य काव्य के सबसे महत्त्वपूर्ण और प्रमुख शायर हैं।

अफ़ज़ाल अहमद सैयद का जन्म 1946 में पूर्वी उत्तर प्रदेश के शहर ग़ाज़ीपुर में हुआ था। उन्होंने अपनी तालीम ढाका शहर में पूरी थी। अपनी नौकरी का सिलसिला भी उन्होंने उसी शहर से शुरू किया। अपनी तालीम और तरबियत के लिहाज़ से अफ़ज़ाल अहमद सैयद एक ऐग्रीकल्चर साइंटिस्ट हैं। 1971 में जब बँगलादेश वजूद में आया तो अफ़ज़ाल अहमद सैयद ने अपनी ज़िन्दगी की दूसरी हिजरत अख़्तियार की और ढाका से कराची चले गये। अब कराची ही उनका वतन है। 'छीनी हुई तारीख़' के बाद अफ़ज़ाल की कविताओं का दूसरा संग्रह उनकी दूसरी किताब 'दो ज़बानों में संजा–ए–मौत' के नाम से 1990 में प्रकाशित हुई। इसके बाद नज़्मों का एक तीसरा संग्रह 1999 में 'रोको को और दूसरी दुनियाएँ' के नाम से सामने आया। नज़्मों के साथ–साथ अफ़ज़ाल अहमद सैयद ने ग़ज़लें भी कही हैं और उनकी ग़ज़लों का एक मजमूआ 'ख़ेमये सियाह' के शीर्षक के साथ छप चुका है। यह चारों किताबें एक किताब के तौर पर 2009 में प्रकाशित की गयीं–'मिट्टी की कान' के नाम से। शायरी के साथ–साथ अफ़ज़ाल अहमद सैयद ने देश–विदेश की कविता, कहानी और ड्रामे के अनुवाद भी किये हैं। इन दिनों वह अपनी कवयित्री पत्नी के साथ कराची में रहते हैं और कराची की हबीब यूनिवर्सिटी में अध्यापन का काम कर रहे हैं। उनकी पत्नी तन्वीर अंजुम भी एक मशहूर कवयित्री हैं। ज़्यादातर नज़्में लिखती हैं और अफ़ज़ाल अहमद सैयद की तरह अध्यापन के काम में व्यस्त हैं। अफ़ज़ाल की एक और मशहूर किताब मीर तक़ी मीर की फ़ारसी ग़ज़लों का उर्दू अनुवाद है।

उर्दू में आधुनिकता के पहले दौर के बाद गद्य काव्य रचने वाले जो शायर सामने आये उनकी समस्याएँ आम आधुनिकतावादी कवियों से बहुत अलग थीं। इस बात को यूँ भी कहा जा सकता है कि 1960 के आसपास उभरने वाले कवियों के मुक़ाबले में यह नवीनतर कवि एक बदली हुई चेतना का प्रतिनिधित्व कर रहे थे। हिन्दी में यह सिलसिला उर्दू से पहले ही शुरू हो चुका था। मुक्तिबोध और अज्ञेय ने जिस तरह की शायरी के

लिए रास्ता बनाया था वह उनके समकालीन उर्दू कवियों के मुक़ाबले में ज़्यादा गहरे यथार्थ को सामने ला रहा था। दूसरे शब्दों में यह भी कहा जा सकता है कि मुक्तिबोध और अज्ञेय ने अपने युग की शायरी को एक नयी परिभाषा प्रदान की थी। इस परिभाषा को स्वीकार करने वाले कवियों में यहाँ सर्वेश्वर दयाल सक्सेना और रघुवीर सहाय का ज़िक्र करना ज़रूरी है। सर्वेश्वर ने अपने ज़माने की शायरी को ज़िन्दगी की पेंटिंग के बजाय एक्स–रे रिपोर्ट का नाम दिया था। ज़ाहिर है कि एक्स–रे रिपोर्ट से दीवारें नहीं सजाई जातीं। अफ़ज़ाल अहमद सैयद और उनकी पंक्ति के नये कवियों ने शायरी के ज़रिये रूनुमा होने वाली सच्चाई की दिशा ही बदल कर रखी दी। ऐसे कवियों में अफ़ज़ाल के साथ–साथ अज़रा अब्बास और ज़ीशान साहिल के नाम लिये जा सकते हैं। दोनों ने मानवता के उस इतिहास को फिर से ढूँढ़ने की कोशिश की है जिसे उनसे छीन लिया गया था और जिस पर नयी रूमानियत, एक नयी मज़हबीयत (Religiosity) और एक नये आदर्शवाद का पर्दा डाल दिया गया था। अफ़ज़ाल अहमद सैयद ने अपनी नज़्मों की पहली किताब को इसीलिए 'छीनी हुई तारीख़' का शीर्षक दिया है। उनकी शायरी को इनसानी तजुरबे की खोई हुई परिभाषा को दोबारा हासिल करने की कोशिश भी कहा जा सकता है। इस शायरी का चेतना जगत, इसका स्वभाव, इसका सौन्दर्यबोध इनसानी अनुभवों के एक नये तमाशे से पर्दा उठाता है। यह शायरी न तो गायी जा सकती है न उससे अपनी दिमाग़ी थकान उतारी जा सकती है। यह शायरी हमें थपकियाँ नहीं देती। हमें उत्तेजित करती है। बेचैन और उदास करती है। हमें एक नयी सोच का रास्ता दिखाती है। अपनी ज़मीन से और अपने माहौल से इस शायरी का रिश्ता ज़्यादा गहरा है।

अफ़ज़ाल अहमद सैयद ने अपनी नज़्मों के लिए दो सतहों पर ज़मीन तलाश की है। पहली सतह ख़याल और तजुरबे की है। वह आम आदमी की पूरी तारीख़ को अपने ख़याल और अपने तजुरबे का हवाला बनाते हैं और इस मामले में किसी आइडियालॉजी को अपना सहारा नहीं बनाते। मानसिक और भावनात्मक आजादी की जो सतह इनकी नज़्मों में दिखाई देती है उनके दूसरे समकालीन कवियों के यहाँ या तो मिलती ही नहीं या अगर मिलती भी है तो बहुत धुँधली और Diluted शक्ल में। अफ़ज़ाल के यहाँ ख़याल में और तजुरबे में खरापन बहुत है। उनकी नज़्में पढ़ते वक़्त

हमें ऐसा लगता है कि समय के मंच पर कुछ पात्र अपने–अपने डायलॉग इस तरह अदा कर रहे हैं कि सारी सच्चाई सामने आ जाये। वह न किसी बात को बिगड़ने देते हैं न बदलने देते हैं। यह एक नये यथार्थ की तलाश है और इसका रास्ता मार्क्सीय यथार्थवाद और अस्तित्ववादी यथार्थवाद के रस्मी और पारम्परिक यथार्थ दोनों से अलग है। इस कविता की बनावट में एक बुनियादी सच्चाई का एहसास सक्रिय है। भाषा और शैली की सतह पर भी अफ़ज़ाल अहमद सैयद की नज़्मों में एक अलग रंग दिखाई देता है। यह रंग कहीं एक कहानी का रूप अपना लेता है, कहीं एक पेंटिंग का। अफ़ज़ाल अहमद सैयद की शब्दावली भी पूरी तरह से Prose या गद्य की शब्दावली है। उन्होंने कहीं सजी–सँवरी, झालरदार और बनावटी भाषा का इस्तेमाल नहीं किया। उनकी भाषा बहुत सीधी–सादी है और उसके आर–पार देखा जा सकता है। यही ख़ूबी उनकी शैली में भी नुमायाँ है। वह किसी तरह की भावुकता, सजावट और रंगीनी का सहारा नहीं लेते। भाषा उनके यहाँ भाव और अनुभव को छिपाती नहीं है बल्कि उसे और ज़्यादा खुले हुए अन्दाज़ में और खिले हुए रंगों के साथ सामने लाती है।

उर्दू में अठारहवीं शताब्दी के महान कवि नज़ीर अकबराबादी ने अपनी एक नज़्म को 'आदमीनामा' का शीर्षक प्रदान किया था। अफ़ज़ाल अहमद सैयद की शायरी भी एक 'नया आदमीनामा' है जिसमें इतिहास से, अपने समय से, अपनी ज़िन्दगी के अँधेरे और उजाले से और इनसान के हाथों दूसरे इनसान के exploitation का दर्द झेलते हुए इनसान की ज़िन्दगी के तमाम रंग दर्शाये गये हैं। यह इनसान परम्परा में, आदर्शों में और हमारे सामूहिक जीवन को सुधारने का दावा करती हुई तमाम पुरानी तरकीबों में अपना विश्वास खो बैठा है। यह एक नये सच का गवाह है। अफ़ज़ाल अहमद सैयद ने अपने ज़माने के इनसान को दरपेश सच्चाइयों की गवाही अपनी कविताओं के माध्यम से देने की कोशिश की है, आम बोलचाल की भाषा में। यही इन नज़्मों की सबसे बड़ी खूबी है और इन नज़्मों की पहचान भी है। हिन्दी में उर्दू साहित्य के प्रति रुचि रखने वालों की संख्या दिन प्रतिदिन बढ़ रही है। ये किताब उनके लिए एक नयी भेंट है।

दिल्ली : 11.11.2017

शमीम हनफ़ी

उर्दू कविता का टर्निंग पॉइण्ट

पाश और अफ़ज़ाल अहमद सैयद की कविताओं को छापना 'पहल' के लिए सही अर्थों में प्रकाशित करना हुआ था। लगभग तीन दशक पहले अफ़ज़ाल की कविता को लेकर हिन्दी समाजों में एक अँधेरा जैसा था, बावजूद इसके कि उर्दू ग़ज़ल की जानकारी, लोकप्रियता और आस्वाद भरपूर था। उर्दू समाज में भी अफ़ज़ाल की शायरी को लेकर उदासीनता थी, लगभग उन्हें कमतर आँकने वाली उपेक्षा के साथ। पर समय बदलता गया और न्यायोचित आलोचना ने उनका क़द बढ़ाया और स्वीकृति दी। अफ़ज़ाल अहमद के छपने से 'पहल' की दुनिया को अप्रतिम विस्तार मिला, पाठकों ने स्वागत किया और ख़ुशी ज़ाहिर की। वास्तव में अफ़ज़ाल अहमद सैयद की शायरी को हम उर्दू की नयी कविता भी कह सकते हैं जिसके लिए हिन्दी का पाठक बरसों पहले से तैयार था। 'पहल' के पाठकों ने अफ़ज़ाल की शायरी के अंशों के पोस्टर बनाये, बार–बार उद्धृत किया और सार्वजनिक दीवारों पर चिपकायां। यह एक ताज़ा हवा और उत्तेजना थी।

उर्दू की पारम्परिक दुनिया में अफ़ज़ाल पर नुक्तचीनी करने वाले लोग काफ़ी थे, पर बड़े रचनाकार इसी के मध्य अग्रसर होते हैं। लगभग एक अराजक विचारक की तरह अफ़ज़ाल प्रकट होते हैं। उनकी न तो कोई पारम्परिक विचारधारा थी और न समकालीन पर वे मौलिक और जनता के कवि हुए। यूँ उर्दू में नज़्मों का पुराना समय भी काफ़ी जनवादी रहा है।

अफ़ज़ाल अहमद की नज़्मों ने अपना नया मुहावरा बनाया

है, वे रूमान को तोड़ती हैं, नया रूमान बनाती हैं, वे पर्याप्त फिजिकल हैं और उनमें जीवन का वर्चस्व है। उनमें गद्य की अनेक मौलिक पंक्तियाँ हैं जो उर्दू के पुराने स्वभाव को बदलती हैं। मैं समझता हूँ कि अफ़ज़ाल उर्दू कविता का एक टर्निंग पॉइण्ट हैं।

लगभग तीन दशक बाद अफ़ज़ाल अहमद सैयद की शायरी अधिक समृद्ध होकर पुस्तकाकार आयी है। 'शायरी मैंने ईजाद की', यह कोई घोषणा–पत्र नहीं है, यह वास्तव में एक अन्वेषण है। यह शायर का एक समयानुकूल सांस्कृतिक रिफ्लेक्स है। इसको नये तरह से संयोजित करने में उर्दू के मर्मज्ञ हमारे साथी राजकुमार केसवानी की बड़ी मेहनत शामिल है।

–ज्ञानरंजन

अनुक्रम

तल ज़–अतर से नशेब

(1976 के बैरूत में फलस्तीनियों का एक पनाह गुज़ीं कैम्प)

मैं बादलों का वह टुकड़ा हूँ
जिसे पत्थर से बाँधकर
डूबने के लिए छोड़ दिया गया है
मेरा कोई ख़ानदानी क़ब्रिस्तान नहीं है
किराए के फ़ौजियों का घराना
वतन से दूर मरने की रस्म

आटे की चक्की की बस्तियों में
मुझे आदमियों से ख़ौफ़ आता होगा
मैं उस घाट पर नहाता हूँ
जहाँ जानवर नहाते हैं

माँ मेरे सिर में नारियल का तेल चुपड़ देती होगी
मैं घिघियाना शुरू कर देता हूँ
मैंने कभी कोई लोरी नहीं सुनी
मैं कभी नहीं सोया होऊँगा
मैं शायरों की तरह तितलियों के पीछे भागता
मगर ज़िद्दी गन्दे बहन–भाइयों को बहलाने के लिए रोक दिया जाता रहा होऊँगा

हमारे घर कोई मेहमान नहीं आता था
कोई त्योहार नहीं आता था

हम मुर्दों का त्योहार तक नहीं मनाते थे
मेरा पसन्दीदा खिलौना
चूहेदान रहा होगा
मेरी दोपहरें वबाओं[1] की बस्तियों में आहो–बका सुनने में गुज़री होंगी
शाम को जब मनहूस परिन्दे शोर मचाने लगते
मैं घर आ जाता
और अपने पाँव से ज़मीन कुरेदने लगता
कोई ख़ज़ाना हमारे घर के नीचे दफ़न है
मगर मेरा बाप मुझे लहू–लुहान कर देता है

मुझे अपने बाप से मुहब्बत रही होगी
जब ही उसकी क़ब्र पर इतनी सब्ज़ घास उगी
मेरा बचपन नंगी बारिशों में गुज़रा होगा
दलदलों पर शार–ए–आम[2] लिखा है
मैं वह बारहसिंघा हूँ
जिसकी सींगें रात के जंगल में उलझ जाती रही होंगी

मैं लकड़हारा बन जाता
मगर हर दरख़्त पर मुहब्बत करने वालों के नाम खुदे रहे होंगे
मैं सूरजमुखी के फूल उगाता
मगर सूरज को पूजना बन्द कर दिया गया होगा

जब शाहज़ादियाँ
ख़्वाजासराओं के साथ भाग रही थीं
मैं तुम्हें किसी पेड़ के नीचे खड़ा करके
कच्ची जामनें नहीं झड़झड़ा सका

जब कनीज़ें
पिंजरे में बन्द परिन्दों को नर्म और सब्ज़ पत्तियाँ खिला रही थीं
मैं तुम्हें वह घोंघा नहीं बना सका

---

1. वबाओं–बीमारियाँ, 2. शारा–ए–आम–आम रास्ता

जिसको कान पर लगाने से
मेरा समन्दर ठाठें मारता हुआ सुनाई देता रहा होगा

मैं तुम्हारी अलगनी पर नहीं सूखा
तुम्हारे घड़े से नहीं छलका
मैं तुम्हें गुद्दी से तलवों तक अपने नाम से नहीं दाग़ सका

सैलाब आने से पहले
तुम्हारी बस्ती छोड़ते वक़्त
मैंने अपनी उँगली काटकर चहीतों के दिन की निशानी लौटा दी
मगर जब बहार की आँच से मिट्टी तमतमाने लगी
तुम अपनी जली हुई रोटी
और आधे चमचे शोरबे में मुझे शरीक नहीं कर सकीं

सारी कपास
शहज़ादों के कफ़न बनाने में सर्फ़ हो गयी
सारा रेशम
शहज़ादियों की जुराबों पर
फातेह और मफ़्तूहा फ़ौजी
भेड़ों को ऊन समेत खा गये
गली में यतीम कुत्ते
अपनी खालों को दोहरा किये ओढ़े होंगे
अकड़ी हुई ईंटों पर सोये हुए बच्चों को
दूध में मुरदा शक्कर डालकर पिलाई जा रही है

रोशनी आँतों में सुइयों की तरह चुभ रही होगी
गुज़िश्ता साल के तमाम दिनों को एक ही क़ब्र में सुलाते हुए
ग़लती से नये साल का पहला दिन भी
दफ़्न कर दिया गया
अब मरने की छूत तमाम दिनों को लग रही है
जब बाहर भेड़िये घूम रहे थे
माँ से मैंने कहा

जंगल से लकड़ियाँ काट लाओ

जब बाहर लुटेरे घूम रहे थे
बहन से मैंने कहा
कुएँ से पानी भर लाओ

जब बादल को आसमान पर
और पनेरियों को खेतों पर फैलाने का वक़्त था
मैं अपनी तन्हाई को हथौड़े से कूट रहा होऊँगा
जब बादल को खेतों पर
और परिन्दों को ख़ोशों[1] पर आने से रोकने का मौसम रहा होगा
मैं अपनी तन्हाई को
चाक पर चढ़ाकर एक ख़ूबसूरत प्याला बना रहा होऊँगा

मेरे दोस्तों ने
अपने हाथ दीवारों में बो दिये होंगे
और साहिल पर पड़ी हुई कश्तियों के पेंदे में अपने सर
वह सूरज को डूबता देखकर
सड़ी हुई मछली की तरह पिघल जाते रहे होंगे
उन्होंने कभी ज़मीन का चक़माक़ जलाकर
शोले नहीं काश्त किये
अपने मवेशियों और बाल–बच्चों के साथ
एक नाँद में खाना खाने के बाद
वह अपनी बीवियों के साथ सो जाने के लिए
अपने बच्चों की आँखें मूँद लेने का इन्तज़ार नहीं करते होंगे
बरसों जुराबों की तरह पहनी हुई उनकी बीवियों के मुँह से चिराँदी आ
रही होगी
उनके बच्चे ख़ून की ज़िन्दा जलती हुई बूँद रहे होंगे
चाँद आसमान पर शहद का छत्ता है
मैं उसे रीछ बादलों के हमले से बचाने जा रहा हूँ

1. ख़ोशों–कोपल

मेरे नेज़े रोशनी से तेज़ चलते हैं
बादल मेरी कश्तियों के बादबान हैं
मेरी तोपें सूरज दाग़ती हैं
समन्दर सरकशी पर आमादा है
मैं उसे हवाओं के घोड़ों से जोतने वाला हूँ
रोशनी जो इस शहर के खम्भों पर सरनगूँ है
मैं उसे कोड़े मार–मारकर ऊपर भेजूँगा
मैं उन्हें गर्दो–ग़ुबार के दरिया में अपने आज़ा[1] ढूँढ़ने पर मज़बूर करूँगा

जिनकी पलकें हवा चलने से झड़ जाती हैं
जिनकी आँखें रोशनी में तड़ख़ जाती हैं
जिनकी गायें स्याह दूध देती हैं
मैं अपने ज़ख़्मों में गन्धक से
फतेह का एलान लिखूँगा
और
तुम्हारी आँखें बहुत ख़ूबसूरत हैं
उन्हें अपनी तलवार के दस्ते पर लगाऊँगा।

1. आज़ा–शरीर के अंग

एक दिन और ज़िन्दा रह जाना

बहुत दूर एक साहिल पर
स्क्रेप से बने हुए एक जहाज़ का
ब्वायलर फट जाता है
सेकंड इंजीनियर उसी दिन मर जाता है
थर्ड इंजीनियर
दूसरे दिन

और मैं
फोर्थ इंजीनियर
तीसरे दिन मर जाता हूँ

सेकंड हैण्ड जहाज़ों पर
फर्स्ट इंजीनियर नहीं होते
वरना
मैं एक दिन और ज़िन्दा रह जाता

लॉग बुक

लॉग बुक में लिखा है
ये जहाज़ डूब चुका है

जहाज़ डूब चुका है
और समन्दर ज़िन्दा है
और नमकीन
और उन मछलियों से भरा हुआ है
जिनको इस जहाज़ के डूबने का यक़ीन अभी नहीं आया

लॉग बुक में जहाज़ डूबने के इन्द्राज के बाद
मेरे दस्तख़त हैं
जिनकी स्याही मेरे हाथों में महफ़ूज़ है

क्या इसी का नाम मौत है
क्या ये किसी और जहाज़ की लॉग बुक है
क्या मैं किसी और जहाज़ का नाख़ुदा हूँ
क्या तमाम लॉग बुकों में यही लिख दिया जाता है
यह जहाज़ डूब चुका है
मगर यह जहाज़ डूब चुका है
इस पर कोई मुसाफ़िर, कोई मल्लाह, कोई सामान नहीं है
एक डूबे हुए जहाज़ को
किसी बन्दरगाह पर उतारने की ज़िम्मेदारी
किसी भी नाख़ुदा पर आयद नहीं होती
मैं इस जहाज़ को छोड़कर कहीं भी जा सकता हूँ
और मरने से पहले
यह जान सकता हूँ
कि समन्दर ज़्यादा–से–ज़्यादा कितना नमकीन हो सकता है

सुर्ख़ पत्तों का एक दरख़्त

नहीं देखा होगा तुमने अपने आपको छत से लगे हुए आईने में
सुर्ख़ पत्तों से भरे एक दरख़्त के नीचे

नहीं बढ़ाई होंगी तुमने अपनी उँगलियाँ
दरख़्त से पत्ते और अपने बदन से लिबास उतारने के लिए

"आदमी दरख़्त से ज़्यादा ख़ूबसूरत है"
नहीं कहा होगा किसी ने तुम्हें चूमकर
दरख़्त को टुकड़े–टुकड़े करने के बाद

नहीं उठाया होगा तुमने लकड़ी का गट्ठर
नहीं जाना होगा तुमने कटी हुई शाख़ में पानी का वज़न

"आग दरख़्त से ज़्यादा ख़ूबसूरत है"
नहीं कहा होगा किसी ने अलाव के क़रीब तुम्हें अपने सीने से लगाकर

नहीं दिया होगा तुम्हें किसी ने अपना दिल
सुर्ख़ पत्तों का एक दरख़्त

अगर तुम तक मेरी आवाज़ नहीं पहुँच रही है

अगर तुम तक मेरी आवाज़ नहीं पहुँच रही है
उसमें एक बाज़–गश्त[1] शामिल कर लो
पुरानी दास्तानों की बाज़–गश्त

और उसमें
एक शाहज़ादी
और शाहज़ादी में अपनी ख़ूबसूरती

और अपनी ख़ूबसूरती में
एक चाहने वाले का दिल

और चाहने वाले के दिल में
एक ख़ंजर

---

1. बाज़ गश्त–गूँज (प्रतिध्वनि)

ज़िन्दा रहने की आख़िरी तारीख़

हमारी साँसों की कोई
शनाख़्ती धुन नहीं
और हमारे ख़ून को
आबी[1] साबुन से बा–आसानी धोया जा सकता है

पेशगी इजाज़त के बग़ैर
हम अपनी बरसाती
या अपने जूतों का रंग तब्दील कर सकते हैं
ख़्वाब में
एक लड़की को आराइशी शमादान
या दो मस्तूल का जहाज़ देने पर
हमें तम्बीह[2] नहीं की जाती

चक्करदार ज़ीने की ख़ाली सीढ़ी पर
हमें एक बोसे के इन्तज़ार की सहूलत
हासिल है
हमारे ज़िन्दा रहने की आख़िरी तारीख़ निकल चुकी है।

1. आबी–पानी, 2. तम्बीह–चेतावनी

मुझे उस बाग़ में जाने दो

मुझे उस बाग़ में जाने दो
जहाँ सेब तोड़े जा रहे हैं

मसख़रों के ख़ेमे
और अस्लहाख़ाने[1] की छत से गुज़रकर

मुझे उस बाग़ में जाने दो
जहाँ सेब तोड़े जा रहे हैं

तुम्हारी अतालीक़[2]
रात की दुआ में मसरूफ़ है
और मुस्तख़िदमा[3]
दूध उबाल रही है

मुझे उस बाग़ में जाने दो
जहाँ सेब तोड़े जा रहे हैं

सस्ते सिले हुए लिबास
और टूटी हुई नींद में
मुझे उस बाग़ में जाने दो
जहाँ सेब तोड़े जा रहे हैं

1. अस्लहाख़ाना–शस्त्रागार, 2. अतालीक़–गुरु, 3. मुस्तख़िदमा–ख़ादिमा

नज़्म

जहाँ तुम यह नज़्म ख़त्म करोगी
वहाँ एक दरख़्त उग आयेगा

शिकार की एक मुहिम में
तुम उसके पीछे एक दरिन्दे को हलाक़ करोगी

कश्ती रानी के दिन
उससे अपनी कश्ती बाँध सकोगी

एक इनामयाफ़्ता तस्वीर में
तुम उसके सामने खड़ी नज़र आओगी
फिर तुम उसे
बहुत से दरख़्तों में गुम कर दोगी
और उसका नाम भूल जाओगी
और ये नज़्म

मुझे एक कासनी फूल पसन्द था

मुझे एक कासनी (नीला) फूल पसन्द था–इससे मेरा इशारा उस लड़की की तरफ़ है जिसे मैंने चाहा–मैं उसका नाम भी ले सकता हूँ, लेकिन दुनिया बहुत गुंजान आबाद है (घनी आबादी/भीड़ भरी)–वो मुझे जुड़वाँ पुलों पर मिली थी, जो मेरे घर से दूर एक झील पर बेख़याली में साथ–साथ बना दिये गये थे–हम एक पुल पर साथ चलते और कभी अलग–अलग पुलों पर एक–दूसरे के हाथ थामते–मैंने अपनी पहली मज़दूरी से कीलें ख़रीदीं और पुल के उखड़े हुए तख़्तों को जोड़ने के दर्मियान उसकी आँखों के लिए एक शेर बनाते हुए एक कील को अपनी हथेली में उतारा, और मालूम किया कि मैं लकड़ी का बना हुआ नहीं हूँ–शायद वो पुल किसी ख़ाना जंगी में जला दिया गया हो–मैं ज़िन्दगी भर फिर किसी पुल के लिए कीलें नहीं ख़रीद सका।

जिससे मुहब्बत हो

जिससे मुहब्बत हो
उसे निकाल ले जाना चाहिए
आख़िरी कश्ती पर
एक मादूम[1] होते हुए शहर से
बाहर

इसके साथ
पार करना चाहिए
गिराए जाने की सज़ा पाया हुआ
एक पुल

उसे हमेशा मुख़्तसिर नाम से पुकारना चाहिए

उसे ले जाना चाहिए
ज़िन्दा आतिश फ़शानों से भरे
एक जज़ीरे पर

उसका पहला बोसा
लेना चाहिए
नमक की कान में बनी
एक अज़ीयत[2] देने की कोठरी के
अन्दर

---

1. मादूम–नष्ट, 2. अज़ीयत–तकलीफ़ / टार्चर

जिससे मुहब्बत हो
उसके साथ टाइप करनी चाहिए
दुनिया की तमाम नाइन्साफ़ियों के ख़िलाफ़
एक अर्ज़–दाश्त[1]

जिसके सफ़हात
उड़ा देना चाहिए
सुबह
होटल के कमरे की खिड़की से
स्विमिंग पूल की तरफ़

---

1. अर्ज़–दाश्त–आवेदन

शायर और तलवार का गीत

तलवार
मेरा सीना किस तरह सुर्ख़ हुआ जा रहा है

शायर
मेरे ख़ून से
मेरे ख़ून से

तलवार
तुम्हारे दिल के ख़ून से

शायर
मेरे दिल के ख़ून से
हज़ार भेड़ियों और एक रात का ज़ख़्मी किया हुआ दिल

तलवार
तुम्हारी रात सियाह यासमीन[1] से एक क़ब्र खोद रही है

शायर
इसे मेरे ख़ून से भरा जायेगा
मेरे ख़ून से

तलवार
और उन तितलियों से जो मुहब्बत करने वालों के लिए निकलती हैं

1. सियाह यासमीन–काली चमेली

शायर
तितलियाँ अभी तुम्हारी मियान में सो रही हैं
जो मेरे ख़ून से भरी है
मेरे ख़ून से

तलवार
और तुम्हारे ख़ून का एक क़तरा

शायर
मेरी महबूबा के दिल पर

तलवार
आईने की शाख़ों में तीरों से छिदी फ़ाख़्ता का घोंसला

शायर
उसका दिल
उसका दिल

तलवार
आईनों में ख़ून
घोंसलों में ख़ून

शायर
मेरा ख़ून
मेरा ख़ून

तलवार
तुम्हारा ख़ून उसके दरख़्त को नहला रहा है

शायर
कुल्हाड़ियों से भरे तहख़ाने में उसका दरख़्त
तलवार

उसके कुएँ को लबरेज़ कर रहा है

शायर
फाँसी पाने वाली रेत के बिस्तर में उसका कुआँ

तलवार
उसके चाक के पहले कूज़े[1] को भर रहा है

शायर
क़त्ल किये जाने वाले आशिकों और ज़हर दिये जाने वाले चाँद के लिए
कहे गये नौहों से बना उसका कूज़ा

तलवार
कूज़े के टूटने के बाद तुम्हारा ख़ून कहाँ गया

शायर
आहंगर[2] के अहरन पर
हथोड़ों की ज़र्ब से एक तलवार बन जाने के लिए

तलवार
नज़्मों और सियाह यास्मीन से बने तुम्हारे दिल से गुज़रने वाली तलवार

शायर
नज़्मों और सियाह यास्मीन और एक क़ैदी शहज़ादी के बोसों से बने दिल
से गुज़रने वाली तलवार

---

1. कूज़ा–मिट्टी का सकोरा, 2. आहंगर–लुहार

नज़्म

जब यानियाँ की मख़्तूह[1] औरतें
अपने गीतों में एक नये महबूब का ज़िक्र कर रही थीं
जब जल्लाद
लाशों को सेदों[2] से लूटे हुए

नील में रंग रहे थे
जब निश के शहरियों ने
बिरंजी जंजीरों में बँधे
परिन्दों को
जोड़ों में उड़ते देखा

जब आमा की कुएँ से
एक नौजवान
तिलाई पतवार लिये बाहर आया
और अपनी शिनाख़्त कराये बग़ैर
मर गया

गेहूँ व दूध
और गहरी नाफ़ वाली मुहर्रिमा
बर्फ़ पिघलने का इन्तज़ार किये बग़ैर
उस घोड़ी पर सवार होकर मेरे पास आयी
जिसकी आँखें निकाली गयी थीं

---

1. मख़्तूह–जीती हुई, 2. सेदों–दुश्मन

और मुझे वक़्त की पैमाइश का शीशा दिया
जिसमें सियाह रेत भरी थी

हम दोनो ने अर्तुवास के माब'द[1] में
जिसे दूसरे दिन
जला दिया जाना था
आख़िरी परस्तिश की
हर ख़ून आलूद शमादान के सामने
मैंने उसके होंठों को चूमा

वासिल के सामने लाये जाने वाले मेरे सर के होंठों से
अचानक ख़ून उबल पड़ा
और ख़ूबसूरत मुहर्रिमा
वासिल के पहलू से जुदा हो गयी

1. माब'द–उपासना स्थल

ज़िन्दगी हमारे लिए आसान कर दी गयी है

ज़िन्दगी हमारे लिए आसान कर दी गयी है
हम किसी भी रियायती फ़रोख़्त में
किताबें
कपड़े–जूते
हासिल कर सकते हैं
जैसा कि गन्दुम[1] हमें इमदादी क़ीमत पर मुहैया की जाती है
अगर हम चाहें
किसी भी कारख़ाने के दरवाज़े से
बच्चों के लिए
रद्द कर्दा[2] बिस्कुट ख़रीद सकते हैं

तमाम तैयारों, रेलगाड़ियों, बसों में हमारे लिए
सस्ती नशिस्तें रखी जाती हैं

अगर हम चाहें
मामूली ज़रूरत की क़ीमत पर
थियेटर में आख़िरी क़तार में बैठ सकते हैं
हम किसी को भी याद आ सकते हैं
जब उसे कोई और याद न आ रहा हो

1. गन्दुम–गेहूँ, 2. रद्द कर्दा–रिजेक्टेड

फाँसी

सबसे पहले मैं जिससे मिला
वह एक लुहार था
उसने एक दिन में
मेरा शिकंजा और फाँसी बना दी थी
मगर उसे कुफ्ल[1] बनाना नहीं आता था

उसके साथ कुफ्लसाज़ खड़ा था
जिसने मेरा कुफ्ल फ़रोख़्त करने के बाद
उसकी कुंजी मुझे बेच दी थी
जो मैं अपनी जामा तलाशी के वक़्त निगल चुका था

इसके आगे जो आदमी था एक चोर था
जिसने वो नहर चुराई थी
जिसमें लकड़ी के कुन्दे फाँसी बनाने के लिए भिगोये गये थे

इसके बाद वो ख़ाली जगह थी
जहाँ लकड़ी के कुन्दे धूप में सख़्त किये गये थे

ख़ाली जगह के साथ वो जुलाहा खड़ा था
जिसके तकले पर वो सूत काता गया
जिससे फाँसी पाने वाले की वर्दी बननी थी

जुलाहे के साथ उसकी सौतेली बहन खड़ी थी
जो रस्सियाँ बटते–बटते फाँसी की डोर बट गयी थी
उसससे आगे वो आदमी खड़ा था

---

1. कुफ्ल–ताला

जिसने मुझे पानी पीते हुए कुएँ में धकेला था
यह वही आदमी था
जिसने मेरी गिरफ़्तारी का इश्तिहार लिखा था
इस तरह मैं एक और आदमी से मिलने से बच गया

इसके बाद कारिन्दों के दर्मियान
वो आदमी खड़ा था
जो मुझे फाँसी देने पर मामूर किया गया था
फाँसी खड़ी करने वाले मज़दूर
जिन्हें कम हैसियत होने के सबब मुझसे मिलने के लिए क़तार में नहीं खड़ा किया गया
मुझे हैरत से देख रहे थे
फाँसी देने वाले के और मेरे दर्मियान भी कोई था
यह ख़ुदा था
आख़िरी चीज़ जो मेरे सामने लायी गयी
मेरी आख़िरी ख़्वाहिश थी
मैंने कहा मेरे मरने पर क़ौमी तराना बजवा दिया जाये
मुझे फाँसी देने वाले ने वादा किया कि वो ज़रूर दारुल हुकूमत को
क़ौमी तराने की एक नक़्ल के लिए लिखेगा

इतने में शोर मच गया कि
दारुल हुकूमत से तनख़्वाह बाँटने के लिए कारिन्दे आ गये हैं
क़तार में खड़े तमाम लोगों में हलचल मच गयी
सिर्फ़ मुझे फाँसी देने वाला मुझे लेकर आगे बढ़ा
क्योंकि नये अहकामात[1] के तहत फाँसी पाने वाले के कपड़े
फाँसी देने वाले को मिल जाते हैं
मरते वक़्त फाँसी देने वाले के सिवा
मेरे पास कोई और न था
काश! दारुल हुकूमत से तनख़्वाह उस दिन न आती

1. अहकामात–आदेश

सिर्फ़ ग़ैर अहम शायर

सिर्फ़ ग़ैर अहम शायर
याद रखते हैं
बचपन की फीरोज़ी और सफ़ेद फूलों वाली तामचीनी की प्लेट
जिसमें रोटी मिलती थी

सिर्फ़ ग़ैर अहम शायर
बेशर्मी से लिख देते हैं
अपनी नज़्मों में
अपनी महबूबा का नाम

सिर्फ़ ग़ैर अहम शायर
याद रखते हैं
बदतमीज़ी से तलाशी लिया हुआ एक कमरा
बाग़ में खड़ी हुई एक लड़की की तस्वीर
जो फिर कभी नहीं मिली

16. एक नामुमकिन लड़की

प्रतीक अग्रवाल
स्लाटर हाउस की असेम्बली लाइन से गुज़रकर
बैंक के काउण्टर पर मुतअइयन[1] हुई

उसकी कश्ती जैसी आँखें
ख़ुशी से
और मौसीक़ाराना हलक़ कुहर से भर गया

हाई स्ट्रीट पर वो
बग़ैर सूरजमुखी के बीज खाते हुए गुज़री

प्रतीक अग्रवाल
अपनी डिज़ाइनर ब्रेज़ियर का स्ट्रेप दुरुस्त करती है
एक एक्सेंट्रिक मुस्कुराहट देती है
और अपने पैर हिलाती है
जिनमे कोई ज़ंजीर नहीं है

प्रतीक अग्रवाल
अपने काम में मुस्तइद है

बेबीलोन में वह
अफरोदीती के नाम पर तलब की जा सकती थी
और कार्थेज में

---

1 मुतअइयन–नियुक्त

घण्टियाँ बजा–बजाकर
गुज़रने वालों को हमाम में आने की दावत दे सकती थी

बैंक क़ायम करने वाले सूदख़ोर
और उनकी हरामी औलादें
प्रतीक अग्रवाल से ज़लील हुए बग़ैर मर जाते
अगर वो एक शाम
अपना बेहतरीन पाँव आगे रखते हुए
बारीक टरक्वाइज़ लान्सरेरी में
कैट् वाक पर न आती

एक दुश्वार सवाल

सीज़र के क़त्ल के वक़्त
किलोपैट्रा कहाँ थी

सही जवाब पर
रोम का सफ़र
मुफ़्त

हमें बहुत सारे फूल चाहिए

हमें बहुत सारे फूल चाहिए
मारे जाने वाले लोगों के क़दमों में रखने के लिए
हमें बहुत सारे फूल चाहिए
बोरियों में पायी जाने वाली लाशों के चेहरे ढाँकने के लिए
एक पूरी सालाना फूलों की नुमाइश
एधी सर्दख़ाने में महफ़ूज़ कर लेनी चाहिए
नामज़द मरने वालों की
पुलिस क़ब्रिस्तान में खुदी क़ब्रों के पास रखने के लिए
ख़ूबसूरत बालकनी में उगने वाले फूलों का एक गुच्छा चाहिए
बस स्टॉप के सामने
गोली लगकर मरने वाली औरत के लिए
आसमानी नीले फूल चाहिए
यलो कैब में हमेशा की नींद सोये हुए दो नौजवानों को
गुदगुदाने के लिए
हमें ख़ुश्क फूल चाहिए
मस्ख़[1] किये हुए जिस्म को सजाकर
असली सूरत में लाने के लिए

हमें बहुत सारे फूल चाहिए
उन ज़ख़्मियों के लिए
जो उन अस्पतालों में पड़े हैं
जहाँ जापानी या किसी और तरह के रॉक गॉर्डेन नहीं हैं
हमें बहुत सारे फूल चाहिए

---
1. मस्ख़–विकृत

क्योंकि इनमे से आधे मर जायेंगे
हमें रात को खिलने वाले फूलों का एक जंगल चाहिए
उन लोगों के लिए
जो फायरिंग की वजह से नहीं सो सके
हमें बहुत सारे फूल चाहिए
बहुत सारे अफ़्सुर्दा लोगों के लिए
हमें गुमनाम फूल चाहिए
बे–सतर[1] की गयी एक लड़की को ढाँपने के लिए
हमें बहुत सारे फूल चाहिए

हमें बहुत सारे फूल चाहिए
बहुत सारी रक़्स करती बेलों पर लगे
जिनसे हम इस पूरे शहर को छुपाने की कोशिश कर सकें

1. बे–सतर–निर्वस्त्र

ख़ुदावन्द ख़ुदा की रूह

ख़ुदावन्द ख़ुदा की रूह पानियों पर चल रही है
रंगीन पानियों पर
स्कॉटलैण्ड से आये हुए बारह साल पुराने पानियों पर
ख़ुदावन्द ख़ुदा की रूह दौड़ रही है
रक़्स कर रही है
कलाबाज़ी खा रही है
बाँहें फ़ैला रही है
अलामती बोसे दे रही है
एक शख़्स के हौसले को बरक़रार रखने के लिए
जिसे सुबह
अपने आक़ा की जगह
एक बाईपास का इफ़्तताह[1] करने जाना है

1. इफ़्तताह–उद्‌घाटन

हिदायत के मुताबिक़

वज़ीर–ए–आज़म जुनूब की तरफ़ नहीं जायेंगी
सद्र
सिर्फ़ उमूदी परवाज़[1] करेंगे

सिपाही
ढाई घर चलेंगे
जिलावतन रहनुमा
साढ़े बाईस डिग्री पर घूमेंगे
लोग
घरों से नहीं निकलेंगे
एम्बुलेंस
ज़िग–ज़ैग चलेंगी
तारीख़
पहले ही एंटी क्लॉक वाइज़ चल रही है

1. उमूदी परवाज़–वर्टीकल फ़्लाइट

एक आइसक्रीम को मुतारिफ़[1] कराने की मुहिम

रेंजर्ज़ की मोबाइलों
और बख़तरबन्द गाड़ियों के आने के बाद
टैंकों के आने से पहले
वह खिलौनों की दुकानों से निकलकर
हमारी सड़कों पर आ गये

अपने पहियों वाले सफ़ेद डब्बों के साथ
जिनके ऊपर ख़ूबसूरत छतरियाँ लगी थीं

वो स्ट्राबेरी और वैनीला की ज़बान में बात करते थे
उनके पास लोगों को
मुतवज्जो[2] करने के लिए
एक दिलकश धुन थी

उनकी
एक आइसक्रीम को मुतारिफ़ कराने की मुहिम
हमारे शहर के लिए आख़िरी ख़ुशगवार हैरत थी

---

1. मुतारिफ़–लांच, 2. मुतवज्जो–आकर्षित

दरिया–ए–सिन्ध हमारे दुख क्यूँ नहीं बहा ले जाता

उस तमाम ख़ून से
जो बहा
चार्ल्स नेपियर
अपनी निगाह में
बरी–उ–ज़िम्मा[1] था

जैसा कि डेढ़ सौ साल बाद तक
उसके जा–नशीन साबित हुए
इसके अलावा भी
सब कुछ इसी तरह था

सिर्फ़
ज़िस्मानी रिमाण्ड में आयी हुई ख़वातीन पर
ख़राब पिसी हुई मिर्च के बजाय
हस्सास इदारों में
'टोबा स्कोसास' का इस्तेमाल किया गया
और
कारकर्दगी बेहतर हो जाने की वजह से
लोगों को चन्द मिनटों में
एक ख़ूबसूरत मेज़ तक पहुँचाना मुमकिन हुआ
जिस पर
उनकी तबई मौत[2] के
दस्तख़त किये हुए सर्टीफिकेट जमा थे

1. बरी–उ–ज़िम्मा–ज़िम्मेदारी से मुक्त, 2. तबई मौत–नेचुरल डेथ

एक लड़की

लज़्ज़त की इन्तिहा पर
उसकी सिसकियाँ
दुनिया के तमाम क़ौमी तरानों से ज़्यादा
मौसीक़ी रखती हैं

जिंसी अमल के दौरान
वो किसी भी मलिका–ए–हुस्न से ज़्यादा
ख़ूबसूरत क़रार पा सकती है

उसके ब्लू प्रिन्ट का कैसेट
हासिल करने के लिए
किसी भी फसादज़दा इलाक़े तक जाने का
ख़तरा लिया जा सकता है

सिर्फ़ उसससे मिलना
नामुमकिन है
पाकिस्तान की तरह
हाला फ़ारूक़ी भी
पुलिस की तहवील[1] में है

1. तहवील–कस्टडी

एक सियासी जमात के लिए इन्तख़ाबी निशान घोड़ा मुन्तख़िब होने पर

मत आओ एक सड़े हुए काग़ज़ के ऊपर, मत छुपाओ ओडीसी और मकार साथियों को अपने अन्दर, निकल जाओ अब आब पारे की दीवारों पर लिपे पोस्टरों से, और शाहराह आईन पर हिनहिनाते हुए गुज़रो, अमेज़ोन लड़कियों की रानों के नीचे पहुँचो, ट्राफ़लागार स्क्वायर पर नेलसन के मुजस्सिमे को अपनी पुश्त पर मत बिठाओ, सीधे जहाम बोलोनिया के स्टूडियो पहुँच जाओ, दाख़िल हो जाओ दस्तक दिये बग़ैर, अलमुतनबी को लेकर सुल्तान के ख़ेमे तक जाओ, तारीख़ में पहली बार कोई शायर घोडे की पुश्त पर से अपना क़सीदा पेश करेगा, बैंक के लॉकर से निकलो, वाल्ट को तोड़ो, और शम्सून की तरह सद्र दफ़्तर के फुतून गिरा दो, मत चलने दो अपनी अयाल पर घास काटने की मशीन, हौवा आदम को सुपर मार्केट से ख़रीदकर एक सुर्ख़ सेब पेश कर रही है, उसे उचक लो और अपनी पसन्द की घोड़ी को पेश करो, कश्तियों में सवार हो, और वह अमरीका दरियाफ़्त कर लो जो इज़ाबेला अपने ताज में लगे जवाहरात के बदले में नहीं ख़रीद सकी, सिकन्दर आज़म और जूलियस सीज़र को ज़र ख़रीद बना लो, एडविंस के जनाज़े को खेंचो, डूबे हुए जहाज़ों का पता लगाओ, ज़मीन के ख़ज़ाने तलाश करो, घास की नयी किस्म ईजाद करो, चाँद को अपनी नाल में जड़ो, मीनू तार की तरफ़ मुड़कर मत देखो, यसू के पास कोई घोड़ा नहीं है, आज शाम उसे बारिश में मेरी मेकडालेन के घर ले जाओ, नफर्तीती ने कोई घोड़ा नहीं देखा, वो तुम्हें ख़ुदा रागझकर सजदे करेगी, मत दाग़ी जाने दो अपनी पुश्त, मत लगने दो अपनी तस्वीर पर मुहर।

फ़ैसला

रेडियोलॉजिस्ट उन एक्सरों को पढ़ रही है
जिन पर मेरी गुज़िश्ता नज़्म की तारीख़ पड़ी है

उन लोगों के ज़ख़्म
इतनी ताख़ीर[1]
इतनी सफ़्फ़ाकी[2] से पढ़े जा रहे हैं
जो अभी तक ज़िन्दा रहने का इम्तिहान देने में मसरूफ़ हैं

"आदमी अपनी ग़लती से मरता है"
यह सर्जन जनरल का फ़ैसला है

"तुम से ग़लती हुई है"
शाम को जब मैं उसे बताऊँगा
मैं उससे बहुत मुहब्बत करता हूँ
तो वह ये कहेगी

---

1. ताख़ीर–देर, 2. सफ़्फ़ाकी–बेरहमी

रोशनी

हमारे शहर में
मसरूफ़ सड़क के किनारे
लड़कियाँ पुराने ब्रेज़ियर ख़रीद रही हैं

वह आपस में आँखें नहीं मिलातीं
ढेर में उनके हाथ एक–दूसरे को छू जाते हैं

किसी हुक में फँसकर
वह दूर तक खिंची हुई चली जाती हैं
हर इस्तेमाल की हुई शय में
एक कहानी
ख़रीदने वाले को मुफ़्त मिलती है

सड़क पर पड़ी ब्रेजियर के ढेर में
वह ज़िस्म हैं
जो पुर–असरार[1] होना ख़त्म कर चुके
और
एक रोशनी

---

1. पुर–इसरार रहस्यपूर्ण

मुहब्बत

मुहब्बत कोई नुमाया निशान नहीं
ज़िससे लाश की शिनाख़्त में आसानी हो

जब तक तुम मुहब्बत को दरियाफ़्त कर सको
वह वैन में रवाना हो चुकी होगी
जो उन लाशों को ले जाती है
जिन पर किसी का दावा नहीं

शायद वह रास्ते में
तुम्हारी सवारी के बराबर से गुज़री हो
या शायद तुम उस रास्ते से नहीं आयीं
जिस से
मुहब्बत में मारे जाने वाले ले जाये जाते हैं

शायद वह वक़्त
जिसमें मुहब्बत को दरयाफ़्त किया जा सकता
तुमने किसी जबरी मश्क[1] को दे दिया

पत्थर की सिल पर लिटाया हुआ वक़्त
और इन्तज़ार की आख़िरी हद तक खिंची हुई
सफ़ेद चादर
तुम्हारी मश्क ख़त्म होने से पहले तब्दील हो गयी
शायद तुम्हारे पास

---

1. जबरी मश्क–ज़बरदस्ती का काम

इत्तफ़ाक़िया रुख़सत के लिए कोई दिन
और मुहब्बत की शिनाख़्त के लिए
कोई ख़्वाब नहीं था

इस वक़्त तक जब तुम
मुहब्बत को अपने हाथों से छूकर देख सकतीं
वह वैन रवाना हो चुकी होगी
जो उन ख़्वाबों को ले जाती है
जिन पर किसी का दावा नहीं

ख़ुश्क होती हुई बन्दरगाह

मीशामली स्ट्रीट पर
रहने वाली शमाइला
ग़नी को चाहती है
जो एक अफ़सोसनाक मुलाज़िमत पर जाते हुए
उसके घर के सामने से
गुज़रता है
पुलिस हेड क्वार्टर्स के अहाते में क़ैद
बादाम के दरख़्तों तक
पहुँचकर
ग़नी
उसे दिन भर के लिए फ़रामोश करने में कामयाब हो चुका होता है

एक बद–वज़्आ[1] खिड़की
जिसकी तामीर की दर्जाबन्दी नहीं की जा सकती
हर सुबह खुल जाती है
एक शख़्स को इस बन्दरगाह की मुख़ालिफ़ सिम्त जाते हुए
देखने के लिए
जो ख़ुश्क हो रही है

---

1. बद–वज़्आ–बदसूरत

मेज़बान

तुम एक अच्छी मेज़बान हो
मेरे लिए वह सेब ले आती हो
जिस पर तुम्हारे दाँतों के निशान हैं
और ख़ून आलूदा अनार
और एक नज़्म
और एक छुरी
जो चीज़ों को टेढ़ा काटती है

तुम्हारी उँगलियाँ

तुम्हारी उँगलियों ने
दलदल में डूबते हुए शख़्स को
अलामती बोसा नहीं दिया
मर जाने वाले आदमी की
आँखें नहीं बन्द कीं

जो गिरहें
तुम्हारी उँगलियाँ खोल सकती थीं
तुमने उन्हें
उन ख़ंजरों से काट दिया
जो इनसानी कुरबानी के लिए इस्तेमाल किये गये
जहाँ से तुम्हारी उँगलियाँ गुज़रती हैं
एक छाँव है
जो कभी एक दरख़्त थी

तुम्हारी उँगलियाँ
छाँव में ख़ूबसूरत लगती हैं
और तुम तारीक़ी[1] में

तारीकी में
जहाँ एक ज़ख़्मी परिन्दा है
जिसके पिंजरे का दरवाज़ा
तुम्हारी उँगलियाँ कभी नहीं खोलेंगी

---

1. तारीक़ी–अँधेरा

अगर आप मरियम कांसिकीविच होते

अगर आप
मरियम कांसिकीविच होते
और वियावारा की मशक़्क़त कैम्प में
आपकी उम्र
सिर्फ़ सोलह साल होती
और एक शाम
आप बदमज़ा पानी जैसे दलिये का प्याला
ग़ुस्से से
पटक देते

या
मातीस के कोई शागिर्द
और कहीं से पकड़कर
ड्राँसी लाये जाते
और वहाँ की दीवारों पर
सत्रह क़ैदियों की शबीहें[1]
बनाने में कामयाब हो जाते

या
वारसा की एक रक़्क़ासा
और तलाशी के वक़्त
आपको बरहना[2] होने को कहा जाता।

---

1. शबीहें—शक्लें, 2. बरहना—नंगा

और आप अपनी जूती
हुक्म देने वाले के मुँह पर उछाल देते

क्या आप
तारीख़ की किताबों में
अपने नाम के आगे
तीन सतरों से मुतमईन हो जाते?

तुम नींद में बहुत ख़ूबसूरत लगती हो

तुम नींद में बहुत ख़ूबसूरत लगती हो
तुम्हें सोते में चलना चाहिए
तुम्हें सोते में डोरियों पर चलना चाहिए
किसी छतरी के बग़ैर
क्योंकि कहीं बारिश नहीं हो रही है

हमारा क़ौमी दरख़्त

सफ़ेद यास्मीन के बजाय
हम कीकर को अपनी शिनाख़्त क़रार देते हैं
जो अमरीकी यूनिवर्सिटियों के कैम्पस पर नहीं उगता
किसी भी ट्रोपीकल गार्डन में नहीं लगाया जाता
इकेबाना ख़वातीन ने इसे कभी नहीं छुआ
नबातात[1] के माहिर इसे दरख़्त नहीं मानते
क्योंकि इस पर किसी को फाँसी नहीं दी जा सकती

कीकर एक झाड़ी है
जिससे हमारे शहर, रेगिस्तान
और शायरी भरी है

काँटों से भरा हुआ कीकर
हमें पसन्द है
जिसने हमारी मिट्‌टी को बहीर–ए–अरब[2] में जाने से रोका

---

1. नबातात–वनस्पति शास्त्र, 2. बहीर–ए–अरब–अरब की खाड़ी

खेल

सद्र–ए–मुमिलिकत[1]
आँखों पर पट्टी बाँधकर
फ़न फ़ेयर में बोर्ड पर बने गधे के ख़ाके में
उसकी दुम पिन से लगाने की कोशिश कर रहे हैं
तीन लड़कियाँ खिलखिलाकर हँस रही हैं
इनमें से एक
बहुत ख़ूबसूरत है

एक अहम शख़्स की महबूबा
उसके कमरे में दबे पाँव आने के बाद
उसकी आँखें मूँदकर
उसे गेस करने को कहती है
उस वक़्त उसकी उँगुली में उसकी दी हुई अँगूठी नहीं है

वज़ीर–ए–आज़म
आँखों पर पट्टी बाँधकर
अपने बच्चों के साथ सर–सब्ज़ लान पर
ब्लाइंड में बफ खेल रही हैं

हम लोगों को
आँखों पर पट्टियाँ बाँधकर
क़ैदियों की गाड़ियों में ढकेला जा रहा है

---

1. मुमिलिकत–राष्ट्राध्यक्ष

ऐसा हरगिज़ नहीं हो सकता

आला लिबास डिज़ाइन करने वालों से
उसकी मुहब्बत
उसका एम्ब्राइडर्ड बोलीरो
उसका अबदी ज़िन्दगी[1] का मिस्री तावीज़

उसकी इस्लाम और चॉकलेट चिप आइसक्रीम से
रग़बत[2]
उसका उरूसी और सब्ज़ और नीली हलफ़ बरदारियों का जोड़ा
उसके हुक्म पर लोगों को बरहना किया जाना
ऐसा हरगिज़ नहीं हो सकता

---

1. अबदी ज़िन्दगी–तमाम उम्र, 2. रग़बत–प्रेम

सफ़हा नम्बर 163 पर एक तस्वीर

उसे किसी अजनबी दरिया किनारे बैठकर
अपने शहर को याद करने की
ज़रूरत नहीं है

वह महाखाली सेटिलमेंट में खुश है
जिसका तज़किरा कोपेनहेगन में दिये गये
एक लेक्चर में आता है

वह तैरकर भी
उस गारमेण्ट फैक्टरी तक जा सकती है
जहाँ उसने मैट्रिक पास करने के बाद से
काम करना शुरू किया है

वह एक मुशतरिका वीसीआर पर
हफ़्ते में तीन फ़िल्में एक साथ देखती है
और हर पहली तारीख़ को
पूरी एक किलो हिलसा मछली ख़रीदकर घर में लाती है

उसका बीमार बाप
आवारा भाई
या नादीदा दुश्मन नहीं है

वह सारी उम्र कुँवारी रह जायेगी
ऐसा नहीं है

एक लड़का है
स्कूल में पढ़ाता है
न्यूयॉर्क में ड्राइवर
या कराची में बावर्ची बनने का ख़याल नहीं रखता

बाँस की दीवारों
और टीन की छत वाले घर में
वह ख़ुश है

जब उसे कम्युनिटी थियेटर में
एक किरदार के लिए मुन्तख़िब नहीं किया गया
उसे कोई अफ़सोस नहीं हुआ

उसी दिन उसे
पानी की फ़राहमी के दफ़्तर के सामने
मज़ाहिरा करने वाली लड़कियों के वफ़्द[1] में शामिल किया गया है

किसी ने उसे ख़ुश रहना नहीं सिखाया है
या उसे आता है
उसे नहीं मालूम गुरबत की लकीर
उसके बदन पर कहाँ से गुज़रती है

उसका ग़रीब मुल्क
दोबारा आज़ाद हुआ है

वह दुनिया भर से ज़्यादा आज़ाद
और ज़्यादा ख़ुश है

---

1. वफ़्द–प्रतिनिधि मण्डल (डेलीगेशन)

फ़लकियात और शाइर (अन्तरिक्ष विज्ञान और शाइर)

मुहब्बत के ऐतराफ़ में मिर्रीख़[1] के एक चाँद के आतिश फ़िशां का नाम उस शख़्स की महबूबा के नाम पर रख दिया गया जिसने वो और एक और चाँद दर्याफ़्त किया था, और जिसे मुहब्बत से कमतर जज़्बे, पर परस्तिश की बिना पर एक असातीरी[2] ख़ुदा से मंसूब किया गया–मगर हम दर–गुज़र कर सकते हैं क्योंकि यह ख़ुदा मारा गया था–क़ाबिले इत्मीनान बात यह है कि पहली नाकाम परवाज़ करने वाले के नाम पर मिर्रीख़ के एक सइयारानुमा को बप्तिस्मा दिया गया है, और क़ायनात को बा–मानी बनाने के लिए कम–अज़–कम एक शायर, एक नाविल निगार, एक मुसव्विर और एक मौसीक़ार के नाम से अतारद[3] के ख़ित्ते मंसूब हुए–ख़ूबसूरती की देवी, अफ़्रोदीती, ज़ुहरा[4] की सर–ज़मीन के सिर्फ़ एक ख़ित्ते की हाकिम है, जबकि मुबाशिरत[5] का ख़ुदा सइयारा नम्बर 433 क़रार दिया गया–ख़ुदा–ए–हरमस से मंसूब सइयारानुमा, अफ़सोस है कि ज़मीन से हज़ार मीटर करीब आने के बाद कहीं खो गया–जो लोग पैसों से मुहब्बत करते हैं, उन्हें यह जानकर ख़ुशी होगी कि रोमी टकसाल की देवी मरिख़ के सइयारानुमा की हैसियत में गर्दिश कर रही है–क़ायनात में तमाम क़ाबिले–ज़िक्र ख़ुदा, जिनकी परसतिश करने वाले ख़त्म हो गये या मार दिये गये, किसी–न–किसी महवर[6] पर अपने पुर–जलाल नामों के साथ हरक़त में हैं–एक दिन कोई बहुत दूर दरियाफ़्त होने वाले सइयारानुमा का नाम हमारे ख़ुदा के नाम पर भी रख देगा।

---

1. मरिख़–मंगल, 2. असातीरी –अफ़सानवी, 3. अतारद–एक ग्रह, 4. ज़ुहरा–वीनस, 5. मुबाशिरत सम्भोग, 6. महवर–सर्किल

अगर मैं किसी को याद रह सका

सर्दियाँ आ गयी
क़ैदियों को ऊनी कम्बल फ़राहम करने का इश्तिहार दोबारा निकल आया

रातें अपनी लम्बाई–चौड़ाई और वज़न
तब्दील कर चुकी हैं
मगर मुझे हर रात एक ख़्वाब आता है
सलाख़ों से निकलते हुए गिरफ़्तार कर लिये जाने का

मौसमों की तब्दीली के दौरान
जो वक़्त पैमाइश में गिरफ़्तार नहीं हो पाता
उसमें मैं एक नज़्म पढ़ता हूँ

ये नज़्म मेरे भाई ने जंग पर जाते हुए लिखी थी
जो ज़िन्दा वापस नहीं आया

मगर मैं उससे ज़्यादा ज़िम्मेदार आदमी हूँ
अपनी मियाद पूरी होने तक ज़िन्दा रहना चाहता हूँ
मुझे मालूम है
मशीनें भूखी हैं
और कुत्ते बे–रातिब[1] पड़े हैं

1. बे–रातिब–बिना खाने

मुझे मालूम है
बर्फ़ और बादल बहुत मासूम होते हैं
और पहाड़ बेहद मज़बूत
मुझे मालूम है
जो लोग पहाड़ों पर रहते हैं
बहुत ग़रीब होते हैं
और सर्दियाँ उन्हें और ज़्यादा ग़रीब बना देती हैं

बारिशों में दीवारों पर बहुत कम बातें लिखी जा सकती हैं
मगर अब सर्दियाँ आ गयी हैं
अगर मैं किसी को याद रह सका होता
जैसे वो लड़की
जो मेरी नज़्में पढ़ते हुए
रो देती है
तो दीवार पर मुझे रिहा कराने के बारे में कुछ लिखा जा सकता था

मुझे मालूम है
मेरी नज़्में ज़ेरे–समाअत[1] रह जायेंगी
मुझे मालूम है
मेरे दिल को
जो यहाँ से कहीं ज़्यादा ठण्डे फ़र्श और दीवार में क़ैद है
कोई ज़मानत पर रिहा कराने नहीं आयेगा

मुझे मालूम है
ऊनी कम्बलों की फ़राहमी मुकम्मल होते–होते
सर्दियों का मौसम गुज़र जायेगा

---

1. ज़ेरे–समाअत–सुनने योग्य

शायरी मैंने ईजाद की

कागज़ मराकाशियों[1] ने
हुरुफ़ फेनिशियों[2] ने
शायरी मैंने इजाद की

क़ब्र खोदने वाले ने तन्दूर ईजाद किया
तन्दूर पर क़ब्ज़ा करने वालों ने रोटी की पर्ची बनायी
रोटी लेने वालों ने क़तार ईजाद की
और मिलकर गाना सीखा

रोटी की क़तार में जब चीटियाँ भी आ खड़ी हो गयीं
तो फ़ाक़ा ईजाद हुआ।

शहतूत बेचने वालों ने रेशम का कीड़ा ईजाद किया
शायरी ने रेशम से लड़कियों के लिबास बनाये
रेशम में मलबूस लड़कियों के लिए कुटनियों ने महलसरा[3] ईजाद की
जहाँ जाकर उन्होंने रेशम के कीड़े का पता बता दिया

फासले ने घोड़े के चार पाँव ईजाद किये
तेज़ रफ़्तारी ने रथ बनाया
और जब शिकस्त ईजाद हुई
तो मुझे तेज़ रफ़्तार रथ के आगे लिटा दिया गया

---

1. मराकिशी–मोरक्को के मिराकिश शहर–निवासी, 2. फानिशर–फानिश के निवासी,
3. महलसरा–अन्तःपुर, हरम

मगर उस वक़्त तक शायरी ईजाद हो चुकी थी
मुहब्बत ने दिल ईजाद किया
दिल ने खेमा[1] और कश्तियाँ बनायीं
और दूर–दराज़ मकामात तय किये

ख़्वाज़ासरा[2] ने मछली पकड़ने का काँटा ईजाद किया
और सोये हुए दिल में चुभोकर भाग गया

दिल में चुभे हुए काँटे की डोर थामने के लिए
नीलामी ईजाद की
और
ज़ब्र[3] ने आख़िरी बोली ईजाद की
मैंने सारी शायरी बेचकर आग ख़रीदी
और ज़ब्र का हाथ जला दिया

---

1 खेमा–तम्बू, 2. ख़्वाज़ासरा–हरम का रखवाला हिजड़ा, 3. ज़ब्र–अत्याचार

मैं डरता हूँ

मैं डरता हूँ
अपनी पास की चीज़ों को
छूकर शायरी बना देने से

रोटी को मैंने छुआ
और भूख शायरी बन गयी
उँगली चाकू से कट गयी
ख़ून शायरी बन गया
गिलास हाथ से गिरकर टूट गया
और बहुत–सी नज़्में बन गयीं

मैं डरता हूँ
अपने से थोड़ी दूर की चीज़ों को
देखकर शायरी बना देने से
दरख़्त को मैंने देखा
और छाँव शायरी बन गयी
छत से मैंने झाँका
और सीढ़ियाँ शायरी बन गयीं

इबादतखाने पर मैंने निगाह डाली
और ख़ुदा शायरी बन गया
मैं डरता हूँ
अपने से दूर की चीज़ों को

सोचकर शायरी बना देने से
मैं डरता हूँ
तुम्हें सोचकर
देखकर
छूकर शायरी बना देने से

जितनी देर में एक रोटी पकेगी

जितने देर में एक रोटी पकेगी
मैं तुम्हारे लिए एक गीत लिख चुका हूँगा
जितनी देर में एक मश्कीज़ा[1] भरेगा
तुम इसे याद करके गा चुकी होगी

अजनबी तुम गीत काहे से लिखते हो
नमक से
रोटी काहे से खाते हो
नमक से
मश्कीज़ा काहे से भरते हो
नमक से

लड़की तुम गीत काहे से गाती हो
पानी से
रोटी काहे से खाती हो
पानी से
मश्कीज़ा काहे से भरती हो
पानी से

पानी और नमक मिलकर क्या बनता है
समन्दर बनता है

---

1. मश्कीज़ा–छोटी मश्क

जितनी देर में मेरे घोड़े की नाल ठुक जायेगी
हम समन्दर से एक लहर तोड़ चुके होंगे
जितनी देर में घण्टी की आवाज़ पर
कलई हो चुकी होगी
हम एक जंगली कश्ती को सधा[1] चुके होंगे

अजनबी तुम घोड़े की नाल काहे से ठोंकते हो
टूटे हुए चाँद से मेरी जान
तुम घण्टी की आवाज़ काहे से कलई करते हो
टूटे हुए चाँद से मेरी जान

तुम मुझे काहे से तश्बीह[2] दोगे
टूटे हुए चाँद से मेरी जान

लड़की तुम समन्दर से लहर काहे से तोड़ती हो
तुम्हारी तलवार से मेरी जान
तुम जंगली कश्तियों को काहे से सधाती हो
तुम्हारी तलवार से मेरी जान
तुम मुझे काहे से ज़्यादा पसन्द करती हो
तुम्हारी तलवार से मेरी जान

जितनी देर में ये समन्दर तय होगा
मैं और तुम बिछड़ चुके होंगे
जितनी देर में तुम मुझे भूल चुकी होगी
मैं मर चुका हूँगा

अजनबी तुम समन्दर काहे से तय करोगे
अपनी ज़िद से

---

1. सधा–नियन्त्रित करना, 2. तश्बीह–तुलना करना, उपमा देना

मैं तुम्हें काहे से भूल चुकी हूँगी
अपनी ज़िद से
अजनबी तुम काहे से मर चुके होंगे
अपनी ज़िद से, अपनी ज़िद से

लड़की हम काहे से बिछड़ चुके होंगे
मुझे नहीं मालूम
मैं काहे से मर चुका हूँगा
मुझे नहीं मालूम
रोटी कितनी देर में पक चुकी होगी
मुझे नहीं मालूम

मिट्टी की कान

मैं मिट्टी की कान[1] का मज़दूर हूँ
काम ख़त्म हो जाने के बाद हमारी तलाशी ली जाती है
हमारे निगराँ[2] हमारे बन्द–बन्द अलग कर देते हैं
फिर हमें जोड़ दिया जाता है
हमारे निगराँ हमें लापरवाही से जोड़ते हैं

पहले दिन मेरे किसी हिस्से की जगह
किसी और का कोई हिस्सा जोड दिया गया था
होते–होते एक–एक रवां[3]
किसी–न–किसी और का होता जाता है
ख़बर नहीं मेरे मुख़्तलिफ़[4] हिस्सों से जुड़े मज़दूरों में कितने
कान बैठने से मर गये होंगे?
मिट्टी चुराने के एवज़ ज़िन्दा जला दिये होंगे

मिट्टी की कान में कई चीज़ों पर पाबन्दी है
मिट्टी की कान में पानी पर पाबन्दी है
पानी मिट्टी की हाकमीयत[5] को ख़त्म करके अपने साथ बहा ले जाता है

अगर निगरानों को मालूम हो जाये
कि हमने मिट्टी की कान में आने से पहले पानी पी लिया था
तो हमें शिकंजे में उल्टा लटकाकर
सारा पानी निचोड़ लिया जाता है

---

1. कान–खदान, 2. निगराँ–निरीक्षक, 3. रवां–हिस्सा, 4. मुख़्तलिफ़–विभिन्न, 5. हाकमीयत–स्वामित्व

और पानी के जितने क़तरे बरामद होते हैं
उतने दिनों की मज़दूरी काट ली जाती है
मिट्टी की कान में आग पर पाबन्दी नहीं है
कोई भी निगराँ आग पर पाबन्दी नहीं लगाते
आग कान के मुख़्तलिफ़ हिस्सों के दरमियाँ दीवार का काम करती है
मैं भी आग की चार दीवारियों के दरमियाँ काम करता हूँ
कोई भी मज़दूरी आग की चार दिवारियों के बग़ैर नहीं हो सकती

मिट्टी की कान में आग का एक और काम भी है
कभी–कभी निगराँ सारी कान को अचानक खाली कराना चाहते हैं

उस वक़्त कान में आग फैला दी जाती है
उस दिन कोई अगर सलामत निकल जाये
तो उसकी तलाशी नहीं ली जा सकती
मिट्टी उसी दिन चुरायी जा सकती है
मैंने एक ऐसे ही दिन मिट्टी चुरायी थी

वो मिट्टी मैंने एक जगह रख दी है
एक ऐसे ही आग भड़काये जाने के दिन
मैंने बेकार आज़ा[1] के अम्बार से
अपने नाख़ून और अपने दिल की लकीर चुरायी थी
उसे भी एक जगह रख दिया है।

मुझे किसी न किसी तरह आग लगने की ख़बर हो जाती है
और मैं चोरी के लिए तैयार हो जाता हूँ

मैंने कूड़े के ढेर पर एक पाँव देख रखा है
जो मेरा नहीं है
मगर बहुत ख़ूबसूरत है
अगली आग लगने के वक़्त उसे उठा ले जाऊँगा
और उसके बाद कुछ और–और कुछ और–और कुछ और

---

1. आज़ा–शरीर के अंग

एक दिन मैं अपनी मर्ज़ी का एक पूरा आदमी बनाऊँगा
मुझे इस पूरे आदमी की फ़िक्र है
जो एक दिन बन जायेगा
और मिट्टी की कान में मज़दूरी नहीं करेगा

मैं इसके लिए मिट्टी चुराऊँगा
और तहक़ीक़[1] करूँगा
कान में आग किस तरह लगती है
और कान में आग लगाऊँगा
और मिट्टी चुराऊँगा

इतनी मिट्टी कि उस आदमी के लिए
एक मकान
एक पानी अम्बार करने का कूज़ा[2] और एक चिराग़ बना दूँ
और चिराग़ के लिए आग चुराऊँगा
आग चोरी करने की चीज़ नहीं
मगर एक–न–एक ज़रूरत के लिए हर चीज़ चोरी की जा सकती है

फिर उस आदमी को मेरे साथ रहना गवारा हो जायेगा
आदमी के लिए अगर मकान हो, पीने के लिए पानी का अम्बार हो
और चिराग़ में आग हो
तो उसे किसी के साथ भी रहना ग़वारा हो सकता है
मैं उसे अपनी रोटी में शरीक करूँगा
और अगर रोटियाँ कम पड़ीं
रोटियाँ चुराऊँगा
वैसे भी निगराँ उन मज़दूरों को जो कान में भोर नहीं मचाते
बची–खुची रोटियाँ देते रहते हैं

मैंने मिट्टी की कान में कभी कोई लफ्ज़ नहीं बोला
और इससे बाहर भी नहीं

---

1. तहक़ीक़–खोज, 2. कूज़ा–कुल्हड

मैं अपने बनाये हुए आदमी को अपनी ज़बान सिखाऊँगा
और उससे बातें करूँगा

मैं उससे मिट्टी की कान की बातें नहीं करूँगा
मुझे वो लोग पसन्द नहीं जो काम–काज की बातें घर जाकर भी करते हैं
मैं उससे बातें करूँगा
गहरे पानियों के सफ़र की

और अगर मैं उसके सीने में कोई धड़कने वाला दिल चुराकर लगा सका
तो उससे मुहब्बत की बातें करूँगा
उस लड़की की जिसे मैंने चाहा है
और उस लड़की की जिसे वो चाहेगा

मैं उस आदमी को हमेशा अपने साथ नहीं रखूँगा
किसी भी आदमी को कोई अपने साथ नहीं रख सकता
मैं उसमें सफ़र का हौसला पैदा करूँगा
और उसे उस ख़ित्ते[1] में भेजूँगा
जहाँ दरख़्त मिट्टी में पानी डाले बग़ैर ही निकल आते हैं
और वो उन बीजों को मेरे लिए ले आयेगा
जिनके उगने के लिए पानी की ज़रूरत नहीं होती

मैं रोज़ाना एक–एक बीज मिट्टी की कान में बोता जाऊँगा
एक दिन किसी भी बीज के फूटने का मौसम आ जाता है

मिट्टी की कान में मेरा लगाया हुआ बीज फूटेगा
और पौधा निकलना शुरू होगा

मेरे निगराँ बहुत परेशान होंगे
उन्होंने कभी कोई दरख़्त नहीं देखा है

1. ख़ित्ते–इलाक़ा

वह बहुत वहशतज़दाँ होंगे और भागेंगे
मैं किसी भी निगराँ को भागते देखकर
उसके साथ कान के दूसरे दहाने का पता लगाऊँगा
किसी भी कान का दूसरा दहाना मालूम हो जाये तो
उसकी दहशत लिकल जाती है

मेरी जब दहशत निकल जायेगी
मैं आँख की दीवार से गुज़र कर
मिट्टी की कान को दूर–दूर जाकर देखूँगा
और एक वीरान गोशे में
ऊपर की तरफ़ एक सुरंग बनाऊँगा
सुरंग एक ऐसी जगह बनाऊँगा
जिसके ऊपर
एक दरिया बह रहा हो
मुझे एक दरिया चाहिए

मैं वो आदमी हूँ जिसने अपना दरिया बेचकर
एक पुल ख़रीदा था
और चाहा था कि अपनी गुज़र औक़ात
पुल के महसूल पर करूँ
मगर बे–दरिया के पुल से गुज़रने कोई नहीं आया
और फिर मैंने पुल बेच दिया
और एक नाव ख़रीद ली
मगर बे–दरिया की नाव को कोई सवारी नहीं मिली

फिर मैंने नाव बेच दी
और मज़बूत डोरियों वाला एक जाल ख़रीद लिया
मगर बे–दरिगा के जाल में कोई मछली नहीं फँसी
फिर गैंने जाल बेच दिया
और एक छतरी ख़रीद ली
और बे–दरिगा की ज़मीन पर मुसाफ़िर को साया फ़राहम

करके गुज़र करने लगा
मगर धीरे–धीरे
मुसाफ़िर आने बन्द हो गये
और एक दिन जब
सूरज का साया मेरी छतरी से छोटा हो गया
मैंने छतरी बेच दी
और एक रोटी ख़रीद ली

किसी भी तिज़ारत में यह एक आख़िरी सौदा होता है
एक रात
या कई रातों के बाद
जब वह रोटी ख़त्म हो गयी
मैंने नौकरी कर ली

नौकरी मिट्टी की कान में मिली

ज़िन्दगी मुझे इतनी फ़रावानी से नहीं मिली

ज़िन्दगी मुझे इतनी फ़रावानी[1] से नहीं मिली
मेरे दरिया, हरीफ़[2] की सफ़ों[3] से गुज़रकर मुझ तक पहुँचे
मैंने हमेशा जूठा पानी पिया

मुझे एक मौसम बारिशों के नाम पर ख़ाली छोड़ना पड़ा
मेरे लिए वसीयतनामा उसने छोड़ा
जो कभी बारिशों में नंगे पाँव नहीं फिरा
मुझे नहीं मालूम कि
वो वही है
जिसे गोद में लिये एक औरत घुड़सवारों के आगे गिड़गिड़ा रही थी
और जो घोड़े के नथुनों से निकलने वाली भाप से
अपना चेहरा बचाने की कोशिश उम्र भर करती रहती है
मुझे नहीं मालूम कि
वो वही है
जिसे उसकी माँ ने पालने में रस्सियों से बाँधकर रखा था

मैं अपनी माँ की गोद
और अपने पालने से बार–बार गिर जाता था
क्योंकि मैं एक कुएँ में पैदा हुआ था
जिसको कभी पानी से नहीं भरा गया
और एक मकान में रहने लगा
जो एक कश्ती के टूटे हुए तख़्तों से बनाया गया था
मैंने सरकण्डों की कश्ती बनायी

---

1. फ़रावानी से–विपुलता से, 2. हरीफ़–प्रतिद्वन्द्वी, 3. सफ़–लड़ाई में सैनिकों की पाँत

और इसे पत्थर के चप्पुओं से खेया

मैंने उसके शहर के ग़ैर–आबाद साहिल पर
एक फ़सल बोयी
और एक काटी

हाथीदाँत का चाँद
सौसन के फूलों की निगहबानी करता है
वो अपने शहद और रोगन[1] के मर्तबानों की निगरानी करती है

पता नहीं
मेरे आसमान पर हाथीदाँत का चाँद भी उसी ने दरियाफ़्त किया हो
जैसा के उसने मेरे लिए कुतुब सितारा दरियाफ़्त किया हो
और पुरानी नहर ख़ुदवायी

मुझे पता है
कि उसका बाप
मनिहारे से सौदागर किस तरह बन जाता है
किस तरह
मैं रक़्सगाह में उस तक दरख़ास्त लिये जाते–जाते
नरसिंघा बजाकर ख़ैरात देने वालों के सामने
क़तार में खड़ा हो जाता हूँ

हालाँकि
मैं तो वो हूँ
जो गीली सीढ़ियों पर
सूरज का रास्ता रोकने के लिए है
उस दिन भी
जब आग देखने वाला पत्थर का हो जाता है
अगर
बेल से अंगूर का अम्बार

---

1. रोगन–तेल

नाँद में मुन्तक़िल[1] हो जाये
उसकी वादियों को दोहा न जाये और
उनका ऊन उतार न लिया जाये
तो उससे कहना
कोई क़ैदी किसी नाराज़ देवता पर कुरबान कर दिया गया
और
यह मौका वो था
जब माएँ अपने पहलोटी के बच्चे
रथों के आगे लिटा देतीं

मैं एक जलाये हुए शहर में लाया गया हूँ
शहर वही अच्छे हैं
जो लड़कियों के नाम बसाये और देवताओं के नाम जलाये जायें
लड़कियाँ वही ख़ूबसूरत हैं
जो उजड़ी हुई क़ब्रों से निकले हुए हाथों पर
फ़सल में पहली बार तोड़े हुए फल रखती चली जायें
अगर शायरी मोहब्बत की किफ़ायत करती
तो मैं समन्दर के दोनों किनारों को अपनी शायरी से जोड़ देता

मगर आमालनामा[2] मेरे हाथों में है
और इसके ख़ुदावन्द के अहलकार
मेरी पनागाह ढा रहे थे

क्या यह समन्दर मेरा परदेस रह सकेगा
जो मुझे यकीन दिलाता था कि मैं
जब तक इसके किनारों में रहूँगा
आदमज़ाद जैसा रहूँगा
पता नहीं कग वह जहाज़ आकर सकेगा
जिसका ना खुदा मेरे लिए उलाव रौशन करता
पता नहीं कब

1. मुन्तक़िल–एक स्थान से दूसरे स्थान को गया हुआ (परिवर्तित होना), 2. आमालनामा–कर्मों का बहीखाता

वह देवी जो इस शहर की मालका है
मुझे अपनी खुशनूदी अता करे
कि मैं उनके लश्कर के साथ नहीं था
जिन्होंने उ सकी कारवां सरायों में सिर्फ एक रात गुज़ारी

जब दुआ से पहले
सेब में खुशबू
और बद दुआ से पहले
साप में जहर पैदा हो जाये
किसी जले हुए शहर के पत्थरों से
कोई जला हुआ शहर बन रहा हो
मैं अपने वतन वापस चला जाऊँ

यह समन्दर पस्पा हो जायेगा
और बस्तियाँ पर चढ़ आयेगा
उसके शहर में सिर्फ़ एक औरत बचेगी
जो वह होगी
और एक ख्वाजासरा बचेगी
जो कोई भी हो सकता है

उसके दिल में
कोई शहतूत का पेड़ नहीं था
मगर मेरा दिल
एक रेशम का कीड़ा है
मैं इस कीड़े को अपने शिनाख़्तनामे से निकाल चुका हूँ
और उसके साथ–साथ रेगता हूँ
"अब जो मेरे साथ नहीं वह मेरे ख़िलाफ है"

जैसा कि समन्दरों का दस्तूर है
जो वो होगी
और एक ख़्वाज़ासरा[1] बचेगा
जो कोई भी हो सकता है

---

1. ख़्वाज़ासरा–औरतों की रखवाली करने वाला हिजड़ा

शायद इसके दिल में
कोई शहतूत का पेड़ नहीं था
अगर मेरा दिल
एक रेशम का कीड़ा है
मैं इस कीड़े को अपने शनाख़्तख़ाने से निकाल चुका हूँ
और इसके साथ–साथ
रेंगता हूँ

"अब जो मेरे साथ नहीं
वो मेरे ख़िलाफ़ है"

आदमज़ाद जैसा रहूँगा
पता नहीं कब वह जहाज़ आकर रुके
जिसका नाख़ुदा[1] मेरे लिए अलावा रोशन करता हो
पता नहीं कब
वो देवी जो इस शहर की मलिका है
मुझे अपनी ख़ुशनदी[2] अता[3] करे
कि मैं इनके लश्कर के साथ नहीं था
जिन्होंने इसकी कारवाँ सरायों में सिर्फ़ एक रात गुज़ारी

जब दुआ से पहले
सेब में ख़ुशबू
बद्दुआ से पहले
साँप में ज़हर पैदा हो जाये
किसी जले हुए शहर के पत्थरों से
कोई जला हुआ शहर बन रहा हो
मैं अपने वतन वापस चला जाऊँ

यह समन्दर पस्पा[4] हो जायेगा
और बस्तियों पर चढ़ आयेगा

---

1. नाख़ुदा–नाविक, कर्णधार, 2. ख़ुशनदी–ख़ुशी, 3. अता–देना, 4. पस्पा होना–हार जाना

क्या आग सबसे अच्छी ख़रीदार है

लकड़ी के बने आदमी
पानी में नहीं डूबते
और दीवारों से टाँगे जा सकते हैं

शायद उन्हें याद होता है
कि आरा क्या है
और दरख़्त किसे कहते हैं

हर दरख़्त में लकड़ी के आदमी नहीं होते
जिस तरह हर ज़मीन के टुकड़े में
कोई कार–आमद[1] चीज़ नहीं होती

जिस दरख़्त में लकड़ी के आदमी
या लकड़ी की मेज़
या कुर्सी
या पलंग नहीं होता
आरा बनाने वाले उसे आग के हाथ बेच देते हैं

आग सबसे अच्छी ख़रीदार है
वह अपना ज़िस्म मुआवज़े में दे देती है
मगर आग के हाथ गीली लकड़ी नहीं बेचनी चाहिए
गीली लकड़ी धूप के हाथ बेचनी चाहिए

---

1. कार–आमद–उपयोगी

चाहे धूप के पास देने को कुछ न हो
लकड़ी के बने हुए आदमी को
धूप से मोहब्बत करनी चाहिए
धूप इसे सीधा खड़ा होना सिखाती है

मैं जिस आरे से काटा गया
वह मक़नातीस[1] का था
इसे लकड़ी के बने आदमी चला रहे थे
ये आदमी दरख़्त की शाख़ों से बनाये गये थे
जबकि मैं दरख़्त के तने से बना था
मैं हर कमज़ोर आग को अपनी तरफ़ खींच सकता था
मगर एक बार एक जहन्नुम मुझसे खिंच गया

लकड़ी के बने हुए आदमी
पानी में बहते हुए
दीवारों पर टँगे हुए
और क़तारों में खड़े हुए अच्छे लगते हैं

आग
जो यह भी नहीं पूछती
कि तुम लकड़ी के आदमी हो
या मेज़
या कुर्सी
या दियासलाई

1. मक़नातीस–चुम्बक

क़दीम[1] तलवारों की जंग

मुर्दारात पर फैली हुई दीवार के नीचे
एक औरत अपने अन्धे बच्चे को एक लोरी और एक नारंगी दे रही है
जिसके साथ उस दरख़्त की पत्तियाँ लगी हुई हैं
जो किसी दिल में नहीं उगा

एक आँसू है
जो यास्मीन के बाग़ों को सियाह कर देता है
और ख़ून की एक बूँद
सफ़ेद परचमों को सुर्ख़

घास के एक गट्ठर पर
जिसके दूसरी तरफ़ आग पकड़ चुकी थी
लाफ़ानियत[2] से गुरेज़ करते हुए
एक असातीरी[3] ख़ुदा ने तुम्हें लुटाया

तुम मलका थीं या नहीं
तुम्हें शहद और क़दीम तलवारों की जंग में दफ़्न किया जायेगा
तुम्हारी शबीह[4] से किसी आसमान को नहीं सजाया जायेगा
मगर दलदलों और नौज़िन्दगियों[5] के खेल के दूसरी तरफ़
एक ग़ार में
दीवार पर ख़ुदी हुई तुम्हारी आँखों से

---

1. क़दीम जंग–प्राचीन, 2. लाफ़ानियत–आमरता, 3. असातीरी–मिथकीय, 4. शबीह–छवि, 5. नौज़िन्दगियों–नयी ज़िन्दगियों

समन्दर के पानी पर ज़िन्दा रहने वाले एक फ़िरके[1] का आग़ाज़[2] होगा
जिस पर कभी कश्तियाँ नहीं चलीं

दिल कोई पुल कोई सीढ़ी नहीं
जो हमें मिला दे
कोई शिकंजा नहीं
जो मुझे और तुम्हें अपनी गिरफ़्त में रख सके

काश! तुमने नाहमवार[3] पहियों वाले रथ से न काटा होता
जो मुझे पहाड़ियों और खन्दकों, तुम्हारे ज़िस्म और रेत पर घसीट रहा था

यह महज इत्तफ़ाक़ है
तुमने अपने जौ और जवाहरात उस गड्ढ़े में छुपाये
जहाँ मैंने अपना अस्लहा[4]
और ख़स्सी किये हुए चीतों के तौक़[5] दफ़्न किये थे

मैं एड़ी में लगे हुए तीर से मर रहा हूँ
कोई फतेह[6] मेरे मद्फ़न[7] के लिए सफ़र नहीं करेगा
मेरी ज़िरह को हासिल करने के लिए कोई जंग नहीं लड़ी जायेगी

तुम एक आफ़तज़दा ख़ित्ते[8] में
बारिश की दुआ करेगी
जो हो जायेगी
और तुम्हें एक साहेरा[9] क़रार देकर
जरख़ेज़ी[10] के त्योहार में ज़िन्दा जला दिया जायेगा

मैं उस बोसे का जश्न मानाता हूँ
जिसने एक माबद[11] की सीढ़ियों पर

---

1. फ़िरके–जमात, समुदाय, 2. आग़ाज़–भुरुआत, 3. नाहमवार–टेढ़े मेढ़े, 4. अस्लहा–हथियार, 5. तौक़–लाहे की गोल हँस लो जो कैदियों के गले में डाली जाती है, 6. फतेह–विजेता, 7. मद्फ़न–दफ़न के लिए, 8. ख़ित्ते–इलाक़ा, 9. साहेरा–जादूगरनी, 10. जरख़ेज़ी–ज़मीन का उपजाऊ होना, 11. माबद–इबादत करने की जगह

जिसका शुमार कभी दुनिया के अजायबात में नहीं होगा
तुम्हारे होंठ सुजा दिये
और तुम्हारे पैरों के नाख़ूनों को सुर्ख़ कर दिया

एक दरिया जो कभी सैलाब में नहीं आया
हमें अलग करता है
एक कुन्द छुरी
मोम के एक टुकड़े से
जो शहंशाहों और उनके मुख़ालिफ़ीन[1] के एक ख़ानदान की मोहर है
गुज़र जाती है

मोहब्बत करने वाले
हज़ार बहार और कुहर[2] के बाग़ में
हम पर रश्क करते हैं

तुम एक सियाह सूरजमुखी में
एक सूरज और एक गहन[3]
हम एक क़त्लेआम में
एक त्योहार में

चट्टानों में बने हुए छोटे क़िले की कोठरी में
एक–दूसरे से बिछड़ गये होंगे
मुझे तुम्हारा जश्न मनाने दो

तुम शीशा हो
और मैं रेत का ज़र्रा

---

1. मुख़ालिफ़ीन–विरोधियों, 2. कुहर–कुहरा, 3. गहन–ग्रहण

मैं तुमसे गुज़रता हूँ
यहाँ तक कि मेरा वक़्त आ जाता है
और जल्लाद
किसी पूरे चाँद की रात में पागल न होने वाले भेड़ियों के नरग़े[1] में आये हुए
शहर के चारों दरवाज़ों पर
मेरा नाम पुकारते हैं

---

1. नरग़े–शिकार के लिए डाला गया डेरा

जंगल के पास एक औरत थी

नींद के पास एक रात है
मेरे पास एक कहानी है
जंगल के पास एक औरत थी
और बच्चा पैदा करने के दर्द से मर रही थी
एक शिकारी वहाँ पहुँच गया
और बच्चे की आँखों के एवज़
औरत की मदद करने पर आमादा हो गया
औरत ने जुड़वाँ बच्चे जने
शिकारी के हाथ आँखों की दो जोड़ियाँ आयीं
उस वक़्त सिक्के ईजाद नहीं हुए थे
एक जोड़ी आँख के बदले
ज़िन्दगी भर का सामान ख़रीदा जा सकता था
जो लोग दूसरों की आँखें हासिल नहीं कर सकते थे
अपनी आँखों का सौदा कर लेते थे
हर सौदे की तरह
बेचते वक़्त आँखों की सिर्फ़ आधी क़ीमत हासिल होती थी
आँखें बेचने वाले सिर्फ़ आधी ज़िन्दगी ख़रीद सकते थे

औरत ने शिकारी से जुदा होकर
अपने बच्चों को जंगल में छोड़ दिया
जैसा कि उसने अपने शौहर को समन्दर में छोड़ दिया
बच्चे भेड़ियों में पलकर बड़े हुए
इनमें से हर एक दूसरे को अपनी माँ की कोख का गासिब[1]

---

1. गासिब–दूसरे की भूमि पर अनुचित रूप से अधिकार जमाना

और अपनी आँखों के सौदे का बाइस समझने लगा
जब बैलों में
पाँव टूटने की बीमारी फैल जाने की वजह से
अन्धे गुलामों की माँग बढ़ गयी

एक गुर्दा फ़रोश उन्हें भेड़ियों के ग़ोल[1] से चुरा ले गया
ज़मीन में जुते हुए अन्धे भाई
हल लेकर इतनी मुख़ालिफ़[2] सिम्त में चले
कि उनके आक़ा को
ख़ुदा से दरख़्वास्त करके
एक खड़खड़ाने वाला साँप उनके पीछे लगाना पड़ा

मैं बहुत पहले इस शहर का मुहासिरा[3] करने आया था
मेरे परचम पर रहने वाला उकाब[4] उड़ गया
मेरे सिपाहियों ने अपनी तलवारें टकसालों में बेच दीं
घोड़े ने अपनी खाल मश्कीज़ा[5] बनाने वाले को हदिया[6] कर दी
शहर की दीवारों में शिगाफ़[7] कहाँ है
यह उसके चरवाहों को भी मालूम है
और उनकी भेड़ों को भी
मगर मैं यह जंग गद्दारों और चौपायों को ख़रीदकर नहीं जीतना चाहता
मैं समन्दर को कश्तियों से
और तलवार को तलवार से नापता हूँ
मैं गुलाम औरत की गुलाम मर्द से पैदा हुई औलाद नहीं हूँ
जो एक गुलाम शाख़ से कमान
और दूसरी गुलाम शाख़ से तीर बनाता है

मैं इस खड़खड़ाने वाले साँप को कुचल दूँगा
और ज़ुड़वाँ भाइयों के कन्धों से जुआँ[8] उतारकर
उसे गहरी खाई में फेंक दूँगा

---

1. ग़ोल–गिरोह, झुण्ड, 2. मुख़ालिफ़–विपरीत, 3. मुहासिरा–किलाबन्दी, 4. अकाब–भाहीन पक्षी, 5. मश्कीज़ा–छोटी मश्क, 6. हदिया करना–उपहार देना, 7. शिगाफ़–दरार, 8. जुआँ–जुआ

मैं उन्हें लेकर जंगल में निकल जाऊँगा
और उस शिकारी को तलाश करूँगा
जो बच्चा पैदा करने के एवज़
उसकी आँखें तलब करता है
और उस माँ को तलाश करूँगा
जो बग़ैर आँखों के बच्चे को छोड़कर भाग जाती है
एक दिन बेची हुई आँखें
शिकारी से सौदा किरदा[1] शख़्स को पहचान लेंगी
और अन्धें बच्चे
उस आदमी से अपनी आँखें छीनकर
अपने शिकारी को ढूँढ़ लेंगी
और शिकारी से उस औरत का पता पूछकर रहेंगी।

1. किरदा–करने वाला

छीनी हुई तारीख़

हम बराहे–रास्त[1] हमले में बच गये
और अब चुन–चुनकर मार दिये जाने की कार्रवाई के दौरान
जान बचाने की कोशिश कर रहे हैं

अभी हम इतने अहम नहीं हुए
कि किसी हस्सास अस्लहा[2] पर हमारे दिल की निशानदेही करके
एक मुनजमिद[3] मौत हमारे पीछे लगा दी जाये
हम क्यों बच जाते हैं
माहिरीन[4] का पैनल
एक पुर रौनक शहर के सबसे आला होटल में
एक सेमीनार कर रहा है

शायद यह नज़रिया तस्लीम कर[5] लिया जाये
कि हममें दोहरी मज़ाहमत[6] पैदा हो गयी है
बलद[7] के किसी भी तूल–व–अर्ज़[8] पर हम जैसे किसी भी आदमी को
मार दिया जाता है
तो हमारी ज़िन्दा रहने की सलाहियत[9] बढ़ जाती है

हमने किसी सिफ़ारतख़ाने[10] में पनाह नहीं ली
और न किसी गिरते हुए झण्डे के नीचे
यह साबित करने की कोशिश की
कि हमारे दोनों हाथ ख़ाली हैं
हमने किसी हादिसे पर

---

1. बराहे–रास्त–सीधे–सीधे, 2. हस्सास अस्लाह–सूक्ष्म हथियार, 3. मुनजमिद–ठहरी हुई, जमी हुई, 4. माहिरीन–विशेशज्ञ, 5. तस्लीम कर–मान लेना, 6. मज़ाहमत–बाधा, 7. बलद–ज़मीन, 8. तूल–व–अर्ज़–लम्बाई और चौड़ाई, 9. सलाहियत–निपुणता, 10. सिफ़ारतख़ाने–दूतावास

किसी बीमे वाले से कोई इमदाद नहीं ली
मौत और दीगर मराआत[1] हमारी तनख़्वाहों में भाामिल है
हमें एक एलाननामे में लपेटकर
हमारे क़ातिलों की बन्दूक की नाल में ठूँस दिया गया

समारे परस्तार[2] कभी न डूबने वाले जहाज़ में बैठकर
पुरसुकून समन्दर में
आबोहवा और हमारी तकदीर की तब्दीली के लिए चले गये
अभी हम मारे भी नहीं गये थे
कि तजज़ियाती तज़रबागाह[3] से हमारी तजज़ियाती[4] रिपोर्ट आ गयी
और पता चला लिया गया
कि हममें ज़िन्दगी नाम का कोई जुज़[5] नहीं था
हममें किसी चीज़ का भी कोई जुज़ नहीं था।

हम थे ही नहीं
शायद हमें मारा नहीं गया
किस्तवार तहलील[6] के मज़बूत उसूल के तहत
ख़त्म कर दिया गया

यह याद रखना बहुत मुश्किल हो गया है
कि हम ज़िन्दा रहे थे
अगर तारीख़ असलहा का एक ब्रोशर है
तो शायद
हम कभी नहीं थे

शायद हम उस मुल्क में पैदा नहीं हुए
जिसका नाम तब्दील हो गया
शायद हम उन मकानों में नहीं रहे
जिनका किराया देने के लिए
हमारे वालिदैन[7] को

---

1. मराआत–चीज़े, कृपाएँ, 2. परस्तार–प्रशंसक, 3. तजज़ियाती तज़रबागाह–विश्लेशण करने वाली प्रयोगशाला, 4. तजज़ियाती–विश्लेशण, 5. जुज़–हिस्सा, 6. तहलील–घुल जाना, 7. वालिदैन–माता–पिता

और फिर हमें एक वक़्त को खाना नज़रअन्दाज़ करना पड़ा
शायद हमने उन इदारों[1] में तालीम नहीं पायी
जो मुख़य्यर अफ़राद[2] की रूहों को सवाब पहुँचाने के लिए चलाये गये

शायद मैंने
कभी किसी पुरपेच मशीन को नहीं चलाया
शायद तुमने
कभी पिटमेन से शॉर्टहैंड नहीं सीखी
शायद मैं तुमसे कभी नहीं मिला

शायद हमने वह नज़्में नहीं लिखीं
जिनके शोर के बाइस
अराकी–ने–ज़्यूरी[3] का फ़ैसला नहीं सुनाया जा सका

शायद हम वह तोहफ़े नहीं खरीद सके
जिनके न ख़रीदे जाने की वजह से
हमारे त्योहार मुल्तवी होते रहे

शायद हमने ज़िन्दगी को मुल्तवी कर दिया
और मारे गये
हम उन कुत्तों के भौंकने से मर गये
जिन्होंने कभी हमारी बू नहीं सूँघी

शायद हमें हर बुलेट
हरी बेंट
हर ठोकर से मारा जाना था
हमें तमाम क़ैदख़ानों की तमाम कोठरियों में
एक–एक उम्र क़ैद गुजारनी थी
ज़िन्दगी।

---

1. इदारों–संस्थाओं, 2. मुख़य्यर अफ़राद–ख़ैरात करने वाले व्यक्तियों को पुण्य पहुँचाने के, लिए,
3. अराक़ी–ने–ज़्यूरी के सदस्य

और हमारे दरमियान
फासला कर दिया गया
और हमें बताया गया
हम इसी फासले के बाशिन्दे हैं

शायद जब हम समन्दर में तैरते थे
या नारंगियाँ तोड़ते थे
या बेंच पर बैठ जाते थे
तो हम ज़िन्दगी से जुड़े हुए थे

एक–दूसरे का बहुत तवील बोसा[1] लेते हुए
शायद हम बहुत ज़्यादा ज़िन्दा थे

शायद तुम
बे–अन्दाज़ा ख़ूबसूरत थीं
और मैं
बेहद बेख़ौफ़
रेत की चार बोरियों की आड़
और एक छीनी हुई तारीख़
हमें ज़िन्दा रखने के लिए बहुत कम थी

1. तवील बोसा–लम्बा चुम्बन

एक पागल कुत्ते का नौहा

एक मज़दूर की हैसियत से
मैंने ज़हर की एक बोरी
स्टेशन से गोदाम तक उठायी
मेरी पीठ हमेशा के लिए नीली हो गयी

एक शरीफ़ आदमी की हैसियत से
मैंने अपनी पीठ को सफ़ेद रँगवा लिया

एक किसान की हैसियत से
मैंने एक एकड़ ज़मीन जोती
मेरी पीठ हमेशा के लिए टेढ़ी हो गयी

एक भारीफ़ आदमी की हैसियत से
मैंने अपनी रीढ़ की हड्डी निकलवाकर
अपनी पीठ सीधी करवा ली

एक उस्ताद की हैसियत से
मुझे खड़िया मिट्टी से बनाया गया

एक शरीफ़ आदमी की हैसियत से
ब्लैक बोर्ड से

एक गोरकन[1] की हैसियत से
मुझे एक लाश से बनाया गया
एक शरीफ़ आदमी की हैसियत से
मरहूम की रूह से

एक शायर की हैसियत से
मैंने एक पागल कुत्ते का नौहा[2] लिखा

एक शरीफ़ आदमी की हैसियत से
उसे पढ़कर मर गया

1. गोरकन—कब्र खोदने वाला, 2. नौहा—उर्दू पद्य की एक किस्म जिसमे कर्बला के भाहीदों पर भोक प्रगट होता है।

मेरा दिल चाहता है

मौत फ़रोख़्त[1] नहीं होती
यह ख़ुद को सुपुर्द कर देती है
ज़हर की एक बूँद
और स्याह सीढ़ियों के नीचे

मौत की तलाश में
हम उनके साथ भटक जाते हैं
जिनके फाँसीघरों में
हमारे लिए कोई गिरह नहीं।

हम मौत को उन शहरों में ढूँढ़ते हैं
जहाँ लोहे को ज़ंग नहीं लगता
चीते के उन पंजों में तलाश करते हैं
जो उतार दिये गये हैं

हम मरने के लिए जगह ख़रीदते हैं
दरख़्त के साये में
सुतून[2] के पास
या
किसी बिकने वाले दिल में
मगर हम किसी पुल पर दफ़न नहीं हो सकते
मौत किसी का रास्ता नहीं रोकती

---

1. फ़रोख़्त–बेचना, 2. सुतून–खम्भा

मुझे नहीं मालूम
क़त्लगाह के दरवाज़े पर मुझे
क्यों रोक दिया गया

मुझे नहीं मालूम खंजर नीलाम करने वाला
मुझसे किस तरह पेश आयेगा

मैंने आख़िरी बोली क्यों लगायी
जबकि मेरे पास
कोई रकम नहीं
शायद मैं मौत से उधार कर सकता हूँ
सोने की सौ ईंटें
या
आधी दुनिया
शायद मैं मौत से कह सकता हूँ
मेरा बच्चा
जो एक लड़की अपने बत्न में ज़ाया कर रही है
किसी और लड़की में
मुन्तक़िल[1] कर दें
मगर
इतनी देर में
गुज़रगाह की दूसरी तरफ़
क़ैद किये हुए जानवरों में शाम आ जाती है

मेरा दिल चाहता है
मैं मौत से बेवफ़ाई करूँ।

मेरा दिल चाहता है
तुम्हें बता दूँ

---

1. मुन्तक़िल–एक जगह से दूसरी जगह में परिवर्तित करना या हटाना

मेरी मौत तुम्हारे इस ख़्वाब में है
तो तुमने मुझसे बयान किया है

मेरा दिल चाहता है
तुम्हारा देखा हुआ ख़्वाब
तुम्हारे सामने दोहराऊँ
और मर जाऊँ

अगर उन्हें मालूम हो जाये

वो ज़िन्दगी को डराते हैं
मौत को रिश्वत देते हैं
उसकी आँख पर पट्टी बाँध देते हैं

वो हमें तोहफ़े में खंज़र भेजते हैं
और उम्मीद रखते हैं कि
हम ख़ुद को हलाक कर लेंगे

वो चिड़ियाघर में
शेर के पिंजरे की जाली को कमज़ोर रखते हैं
और जब हम वहाँ सैर को जाते हैं
उस दिन वे शेर का रातिब[1] बन्द कर देते हैं
जब चाँद टूटा–फूटा नहीं होता
वो हमें एक जज़ीरे[2] की सैर को बुलाते हैं
जहाँ न मारे जाने की जमानत का काग़ज़
वो कश्ती में इधर उधर कर देते हैं

अगर उन्हें मालूम हो जाये
वो अच्छे क़ातिल नहीं
तो वो काँपने लगें
और उनकी नौकरियाँ छिन जायें
वो हमारे मारे जाने का ख़्वाब देखते हैं

---

1. रातिब–दाना पानी, 2. जज़ीरे–टापू

और ताबीर की किताबों को जला देते हैं
वो हमारे नाम की क़ब्र खोदते हैं
और उसमें लूट का माल छिपा देते हैं

अगर उन्हें मालूम भी हो जाये
कि हमें कैसे मारा जा सकता है
फिर भी वे हमें नहीं मार सकते

हमें ख़्वाबों हमारे में मार दिया जाता है

हमें हमारे ख़्वाबों में मार दिया जाता है
फिर पहले बारिश होती है
फिर कीचड़ फैल जाती है
फिर हमें मार दिया जाता है

उन अस्लाहों[1] से
जिनका निशाना
ताज़ीरात की किताब में
हमेशा के लिए दुरुस्त बना दिया गया है

हम अपने ख़्वाब में
लैम्प रूम की तरफ़ जाते हैं
जिसमें बैठे हुए चोर
अपने दाँतों से कतरी हुई रात का टुकड़ा
हमारे आगे फेंक देते हें
जिसे हम चबाते हैं
और जाग जाते हैं

हमारे ख़्वाब हमें कहते हैं
उस दरख़्त को पानी दो
जिसमें तुम्हारी रात है
हमारे ख़्वाब हमें कहतें हैं
इस समन्दर में उतर जाओ

---

1. अस्लाह–हथियार

इसकी तह में एक जहाज़ डूब गया है
जिसमें तुम्हारी रात सफ़र कर रही थी
हमारी रात चोरी हो गयी है
सय्यारों[1] के किसी और निज़ाम के लिए

फूलों की नुमाइश के दरवाज़े पर खड़ी लड़की पूछती है
तुम्हारी रात कहाँ है
और बारिश होने लगती है
समन्दर उलट–पुलट हो जाता है
और मुझे खींचकर चाँदमारी के मैदान की तरफ़ ले जाया जाता है

बग्घी में जाती हुई लड़की गरदन बाहर निकालकर मुझे देखती है
और बारिश में भींग जाती है
अगर मेरे दोनों हाथ
मेरी पुश्त[2] पर बँधे हुए न होते
तो मैं उसे अलविदा कहता
कितनी अजीब बात है
कल मैंने ख़्वाब में लड़की का बोसा लिया था
सिर्फ़ एक बोसा और बारिश होने लगती है

बारिश होने लगती है
यहाँ तक कि चाँदमारी की आधी दीवार पानी में डूब जाती है
भीगी हुई रस्सी
हमारे हाथों को और सख़्ती से जकड़ देती है

हम बारिश में नंगे पाँव
इस तरह चलते हैं
जैसे ज़मीन नंगे पाँव चलने वालों के लिए बनी है
बारिश हो रही है
हम भीग रहे हैं

---

1. सय्यार–सितारा, 2. पुश्त–पीठ

अब हम ये कपड़े कभी नहीं बदलेंगे

हमारे ख़्वाब हमें कहते हैं
तुम्हारे पास दूसरा जोड़ा तो होगा
दूसरे जोड़े के लिए
अपने घर
या किसी और के घर नक़ब[1] लगानी होगी
और हमारे दोनों हाथ पीछे बँधे रहते हैं

हमारे ख़्वाब हमें कहते हैं
तुमने बरसाती क्यों नहीं ख़रीदी

अब जब चाँदमारी की दीवार सामने नज़र आने लगी
हमारे ख़्वाब हमें कहते हैं
तुमने बरसाती क्यों नहीं ख़रीदी
हम अपने ख़्वाबों से कहते हैं
अब बारिश बहुत तेज़ हो गयी है
जाओ और जाकर
बरसातियों की दुकान के सायबान में सो रहो

बरसाती में मलबूस एक शख़्स
भीगे हुए रजिस्टर में मेरा नाम पुकारता है
कोई मुझे धक्का देकर आगे कर देता है

अब मुझे मार दिया जायेगा
इतनी बारिश में
मुझे मार दिया जायेगा

---

1. नक़ब—सेंध

मैं इतनी देर में कोई ख़्वाब देखना चाहता हूँ
आतिश्दान के पास बैठी हुई लड़की से
कोई कहता है
तुमने बग्घी की खिड़की बन्द रखी होती

मैं इतनी देर में कोई ख़्वाब देखना चाहता हूँ

कोई इसे ख़ूबसूरत–सी शाल में लपेटकर कहता है
तुम्हें इतनी बारिश में बाहर नहीं निकलना चाहिए था

मैं हार जाता हूँ

स्याह लिबास
सफ़ेद ज़िस्म
रंगीन हड्डियाँ
मैं दाँव लगाता हूँ
घूमता हुआ तैफ़[1] रुक जाता है
ग़लत रंग पर

मैं हार जाता हूँ
अपना लिबास
अपना ज़िस्म
अपनी हड्डियाँ

आज़ाद होने के लिए
बूझनी है मुझे
तुम्हारी पहेली

''सबसे नायाब शिकार''
''जो किसी जाल में नहीं आता–खुदा''
''नहीं मेरा ज़िस्म''
तुम आ जाती हो
अपने लिबास से बाहर
मैं हार जाता हूँ
अपना ख़ुदा

---

1. तैफ़–जुए के खेल में घूमने वाला चक्र

सबसे तेज़ परिन्दा
तुम्हारी रूह
नहीं मेरा ज़िस्म
तुम उड़ जाती हो
बहुत तेज़

मैं हार जाता हूँ
अपनी रूह

मैं हार जाता हूँ
सब कुछ
जबकि घूमते हुए तैफ़ के हर ख़ाने में
एक ही रंग है

शायर का दिल

जहाँ मोहब्बत के हुदूद[1] पर ख़त्म लिख दिया जाता है
वहाँ बन्द दरवाज़े के ऊपर
मैंने पूरा चाँद देखकर
नये चाँद के देखने पर माँगी जाने वाली दुआ माँग ली

तुमने मेरे दिल को ज़ंजीर से बाँध दिया
और मैंने भौंकना शुरू कर दिया

अगर तुम चाहो
तो इतनी नाज़ुक ज़ंजीर से
एक टूटी हुई शाख़
एक निशान लगे दरख़्त से बाँध सकती हो
जिसको ठेकेदार
इस मौसम में काट ले जायेगा

ज़ंजीर से बँधे हुए दिल ने
तुम्हारे क़दमों को चाटना शुरू कर दिया
और तुमने कहा
यह कुत्ता पागल हो गया है
जैसा कि एक आदमी ने
अपनी बीनाई[2] पाने के बाद
अपने कुत्ते को दुतकार दिया था

---

1. हुदूद–हद, 2. बीनाई–दृश्टि

अगर तुम चाहो
मैं तुम्हें एक नज़्म सुनाऊँ
जो मैंने उस वक़्त पढ़ी थी
जब मैं बातें किया करता था
और नहीं जानता था

मेरे दाँत पीसने की आवाज़
कितने दरवाज़े पार कर सकती है

शायर ने कहा था
"मेरा दिल एक शिकारी कुत्ता है
जिसे मैं तुम्हारे कपड़ों की बू सुँघा रहा हूँ
तुम मुझसे बेवफ़ाई करके
एक और मर्द के साथ
भाग गयी हो
मेरा दिल इस मर्द के
तनासुल के आज़ा[1] भंभोड़ डालेगा
और तुम्हें
तुम्हारी पिंडलियों में दाँत गड़ाकर
मेरे पास घसीट लायेगा"

शायर का दिल
शिकारी कुत्ता होता है
और ज़ंजीर में बँधे आदमी का दिल
ज़ंजीर में बँधा कुत्ता

ये कुत्ता पागल हो गया है
इसने अपनी ज़ंजीर निगल ली है
और शायद तुम्हारी उँगलियाँ भी
जो लोहे की तरह संगदिल हैं

---

1. तनासुल के आज़ा—सन्तानोत्पत्ति का अंग

और उस ज़ंजीर की तरह बेवफ़ा
जिससे कोई भी कुत्ता बाँधा जा सकता है

तुमने जानवरों का इलाज करने वालों को बुलाया
और उसकी आँखों में मुस्कुराकर
मेरी किस्मत का फ़ैसला कर दिया

शायद मोहब्बत की हुदूद पर ख़त्म
तुमने नहीं

किसी और ने लिखा था
जिसका तर्ज़े–तहरीर[1] उस राज़ की तरह
मेरे दिल में महफ़ूज़ है
जिस पर मैंने पहली बार
भौंकना सीखा था

---

1. तर्ज़े–तहरीर–लिखने का तरीका

कौन शायर रह सकता है

लफ्ज़ अपनी जगह से आगे निकल जाते हैं
और ज़िन्दगी का निज़ाम तोड़ देते हैं

अपने जैसे लफ्ज़ों का गढ़ बना लेते हैं
और उनके टूटे हुए किनारे पर
नज़्में मरने लगती हैं
लफ्ज़ अपनी साख़्त[1] और तक़दीर में
कमजोर हो जाते हैं
मामूली शिकस्त उनको ख़त्म कर देती है
उनमें टूटकर जुड़ जाने से
मोहब्बत नहीं रह जाती
इन लफ्ज़ों में
बदसूरत और बेतरतीब नज़्में बनने लगती हैं

सफ़्फ़ाकी[2] से काट दिये जाने के बाद
उनकी जगह लेने को
एक और खेप आ जाती है
नज़्मों को मर जाने से बचाने के लिए
हर रोज़ इन लफ्ज़ों को जुदा करना पड़ता है
और इन जैसे लफ्ज़ों के हमले से पहले
नये लफ्ज़ पहुँचाने पड़ते हैं
जो ऐसा कर सकता है
शायर रह सकता है

---

1. साख़्त–बनावट, 2. सफ़्फ़ाकी–ज़ुल्म, बेरहमी

अगर मैं लौटकर न आ सका

मैं अन्धे चीतों
रंगीन मछलियों
और तेज़ बादलों को पकड़ता हूँ

अन्धे चीते
कुन्द कुदालों से खुदे गढ़ों में
रंगीन मछलियाँ
रेशम की डोरियों से बुने जाल में
और तेज़ बादल
मक़नातीस[1] से पकड़े जाते हैं

यह मेरा कुआँ है
यह मेरा तन्दूर है
और यह मेरी कब्र है
इन सबको मैंने ख़ुद खोदा है

जिसे अपनी ज़ंजीर ख़ुद काटनी होती
अपनी आरी ख़ुद उगाता है

मुझे अपना समन्दर ख़ुद काटना है
मैं अपनी किश्ती खुद हासिल करूँगा
मेरी किश्ती किसी साहिल पर रंग होने के बाद सूख रही है

---

1. मक़नातीस–चुम्बक

किसी ग़ार[1] में रुकी है
किसी दरख़्त में क़ैद है
या कहीं नहीं है

मगर मेरे पास एक बीज है
जिसका नाम मेरा दिल है
मेरे पास थोड़ी–सी ज़मीन है
जिसका नाम मोहब्बत है।

मैं दिल का दरख़्त बनाऊँगा
और एक दिन
उसे काटकर
एक किश्ती बनाकर निकल जाऊँगा

अगर मैं लौटकर न आ सका
मेरी रंगीन मछलियों को मेरे कुएँ में
मेरे अन्धे चीतों को
मेरे तन्दूर में
और मेरे तेज़ बादलों को
मेरी क़ब्र में रख देना

जो मैंने बहुत गहरी खोदी है।

---

1. ग़ार–गुफा

फ़रोख़्त किये इन्सानों की बग़ावत

हम उठे
और हमने अपना अग़वा करने वाले कप्तान को क़त्ल कर दिया
तीन बाहरी अफ़सरों को भी
जहाज़ के बावर्ची का यही बयान है
हमने एक बहरी[1] किले के करीब
लंगर डाल दिया
और अपनी मौत के नगमें गाये
जिनमें मातम नहीं था

हम नौजवान
सही कामत[2], मज़बूत और पुरकशिश थे
क्या फ़ाशनासी[3] की रू से
आज़ाद रहना हमारा हक था

हमें फाँसी दे दी जायेगी
हम इतने ही पुरसुकून रहेंगे
जितना कोई बुर्दबार[4] इनसान
ऐसे हालात में रह सकता है

दीवारी शीशे के करीब
तीन लड़कियाँ,

---

1. बहरी–समुद्री, 2. कामत–काठी, 3. क्या फ़ाशनासी–सामुद्रिकी, मुखाकृति विज्ञान, 4. बुर्दबार–सहनशील, सज्जन

रेशम, कपास, जीन, बैजवी[1] आइने, फल
और जैतून जमा है

हम इनसानों और चीज़ों का बीमा
एक दारुल[2] हुकूमत में हो चुका है
हमारे मुक़दमे के लिए
एक टूटे हुए जहाज़ को अदालत क़रार दिया गया है
जब हम कप्तान के कमरे के गिर्द जमा हुए थे

उसने बावर्ची से कहा
"बाहर जाकर उन कुत्तों के सामने
कुछ रोटियाँ डाल दो"
कप्तान जो बारिश के दौरान हमेशा
जहाज़ के आख़िरी सिरे पर खड़ा रहता था

वो जिसने अपनी पेशानी पर
एक सितारे जैसी शक्ल गुदवायी थी
और वो जो अपने कान्धे पर
चीते की खाल ओढ़ता था
और वो तीनों लड़कियाँ
जिनमें से एक को उसके बाप ने रेहन रख दिया था

हम सब खुश्की पर एक क़ैदखाने में डाल दिये गये
एक मोआहदे[3] के तहत
जो हमारी पैदाइश से पहले मनसूख[4] हो चुका था
हमारे आक़ाओं
और अदालतों का तअय्युम[5] किया गया
जहाँ हम पेश किये गये
मुन्सिफ़ और उसके मुआवनीन[6]

---

1. बैजवी–अण्डाकार, 2. दारुल–राजधानी, 3. मोआहदे–समझौता, 4. मनसूख होना–रद्द होना, 5. तअय्युन–निर्धारित करना, 6. मुआवनीन–सहायक

आराम करने चले गये
और हमारे ज़ख़्मों में बारूद और सिरका भर दिया गया

हमें फ़न्नी निकात[1] में उलझाया गया
क्योंकि इंसानों की फरोख्त
एक मुनाफ़ाबख्श्ा क़रोबार है

हमारे लिए आज़ादी
और आज़ाद समन्दरों की कानूनी हद तय की जाती रही
हम जिन्होंने कभी बर्फ़ नहीं देखी
और किसी जानवर को बारबरदारी[2] के लिए इस्तेमाल नहीं किया था

फिर भी
हमारी वजह से
दो मुमालिक[3] और
ज़ेलर और उसकी नेकदिल बीवी के ताल्लुक़ात नहीं बिगड़े

एक ख़ुफ़िया फ़ैसले के तहत
हमें उस इस आदमी की तहवील[4] में दे दिया गया
जिसके पास
हमारे ख़रीदे जाने की रसीदें थीं

---

1. फ़न्नी निकात–कला के बारीक मुद्दे, 2. बारबरदारी–बोझा उठाना, 3. मुमालिक–राष्ट्र, 4. तहवील–हवाले करना

गुलदस्ते और दावतनामा

हम जो मौसीक़ी सुनने पहुँच जाते हैं
मौसीक़ार के लिए
किसी गुलदस्ते के बग़ैर
और नहीं जानते
पियानो के कितने पाये होते हैं

हम जिन्हें देखकर
कोई किसी खाली नशिस्त[1] की तरफ़ इशारा नहीं करता
हम जो दीवार से लगकर खड़े हो जाते हैं
जहाँ बिल आख़िर[2]
हमें खड़ा किया जाना है
क्लावीकोड से
पियानो तक
मौसीक़ी ने बड़ा सफ़र किया है
जैसे हमने
ख़ुद को दावतनामे के बग़ैर
बड़े दरवाज़े से आख़िरी दीवार तक पहुँचाया है
अपनी पेशकश के बाद
मौसीक़ार
तशक्कुर[3] में झुक रही है
अब उसे

1. नशिस्त–सीट, 2. बिल आख़िर–अंत में, 3. तशक्कुर में–आभार में

फ़र्श पर ख़ून नज़र आयेगा
हमारा ख़ून
जो हर जगह
गुलदस्ते
और दावतनामे के बग़ैर
हमसे पहले पहुँच जाता है

तौक़ और तावीज़

उस वक़्त का
जब तहरीर[1] ईजाद हो चुकी थी

काँसे का एक टुकड़ा
नाक़ाबिले शिकस्त[2] शीशों के पीछे
महफ़ूज़ है

कभी एक तौक़[3] से बँधे हुए इस टुकड़े पर
'कहीं मैं भाग न जाऊँ
मुझे पकड़ लो
और मेरे आक़ा विवेन्टियस* की ज़मीनों पर
वापस कैलिस्टस स** भेज दो'

नीचे लिखा है...
माहिरीन
इस तावीज़ को किसी कुत्ते की गरदन से
मुनसलिक[4] करते हैं

---

*Viventius , **Callistus, 1. तहरीर–लिखापट, 2. नाक़ाबिले शिकस्त–जिन्हें तोड़ा न जा सके, 3. तौक़–क़ैदियों के गले में ज़ंजीर से लटकाया जाने वाला वज़नदार बिल्ला, 4. मुनसलिक करना–जोड़ते

अगर हम गीत न गाते

हमें मानी मालूम हैं
इस ज़िन्दगी के
जो हम गुज़ार रहे हैं

उन पत्थरों का वज़न मालूम है
जो हमारी बेपरवाही से
उन चीज़ों में तब्दील हो गये
जिनकी ख़ूबसूरती में
हमारी ज़िन्दगी ने कोई इज़ाफ़ा नहीं किया

हमने अपने दिल को
उस वक़्त
कुरबानग़ाह[1] पर रखे जाने वाले फूलों में
महसूस किया
जब हम
ज़ख़्मी घोड़ों के जुलूस के पीछे चल रहे थे

शिकस्त हमारा ख़ुदा है
मरने के बाद हम उसकी परस्तिश करेंगे
हम उस शख़्स की मौत मरेंगे
जिसने तकलीफों के बाद दम तोड़ा

ज़िन्दगी कभी न जान सकती
हम उससे क्या चाहते थे
अगर हम गीत न गाते।

---

1. कुरबानग़ाह–वेदी

मैं इसलिए नहीं पैदा हुआ था

मैं नज़्में बनाने के महीने में नहीं पैदा हुआ, न इस सदी को
बेदाग़ सफ़ेद घोड़े खींच रहे थे। पीच[1] का एक प्याला
मेरे वजूद में आने की ख़ुशी में हमसायों में तकसीम हुआ होगा
जो नौज़ायिदा सब्ज़े[2] का त्योहार मनाना तर्क कर[3] चुके थे?

मेरी पहली दोस्त वह मैना रही होगी जो अपना नाम
दोहराया करती थी और एक छत के नीचे हम दोनों
मुख्तलिफ पिंजरों में क़ैद थे। हमारे घर के आगे एक या
उससे ज़्यादा सुतून[4] नहीं थे। कोई मेहरबान या संगदिल
औरत मेरी दाया नहीं मुकर्रर हुई जो मुझे या किसी ज़ख़्म
खुरदा जानवर को फूलों से सजा देती। मेरे बाप के पास
हाथीदाँत की कोई छड़ी नहीं थी जिससे वह मुझे पीटता।

मेरी माँ अपने लम्बे बालों और अपनी लम्बी नज़्मों की वजह
से दुनिया में मशहूर हो जाती, अगर मेरा बाप उन्हें अपनी
दराँती से काट न डालता।

मुझे मछली पकड़ने के जालों पर डाल दिया गया जो दरिया
उतरने के बाद बेकार पड़े थे। मैंने सबसे पहले जिस
चीज़ को अपने दाँतों से छुआ, वह लकड़ी की नाँद रही
होगी जो कुत्तों की कै से भरी थी। मैंने बहुत जल्दी पानी
में उगने वाले जौ और ख़ून की तरह से सुर्ख़

---

1. पीच–चावल की कांजी, 2. नौज़ायिदा सब्ज़े–नया जन्मने वाला, 3. तर्क कर–छेड़ना,
4. सुतून–खम्भा

दानों वाले चावलों से पेट भरना सीख लिया
होगा जिन्हें मुर्दों के नाम पर नहर में बहाये जाने
वाले खानों में कभी शामिल नहीं किया जाता।

सुलहनामे पर दस्तख़त हो रहे थे कि मेरे बाप
ने अपनी ज़िन्दगी से इस्तीफ़ा दे दिया और मैंने
रूदबारों[2] और आबनाओं[2] के सफ़र का मंसूबा
गिरवी रख दिया, यह जानते हुए भी कि
समन्दर मुझसे ज़्यादा किसी और पर मेहरबान
नहीं हो सकता। मगर मेरी माँ जानती थी कि
मैं इसलिए नहीं पैदा हुआ कि एक दूर उफ़्तादा[3]
ज़जीरे में गुमनामी की मौत मर जाऊँ।
जब वो मेरी मौत का ऐलान करते हुए मुझे
ख़ून आलूद[4] चादर से ढाँप देगी तो उसे मालूम हो
जायेगा कि मैंने कोई जंग नहीं हारी।

---

1. रूदबारों–नदियों से भरे, 2. आबनाए–पृथ्वी का वह तंग भाग जो दो समुद्रों को मिलाता हो, (जलडमरूमध्य), 3. दूर उफ़्तादा–दूर खड़ा, दूरस्थ, 4. ख़ून आलूद–खूद से सनी

मुझे वो सफ़ेद फूल पसन्द नहीं

मुझे वो सफ़ेद फूल पसन्द नहीं
जिन्हें तुम चूमकर सुर्ख़ न कर सको

आसमान में टूटता हुआ सितारा
या समन्दर में डूबती हुई कश्ती
मुझे किसके साथ चलना चाहिए
तुम्हारी आँखें
और तुम्हारा दिल
मुझे कुछ नहीं बताता

तुमने शहर के भोर
और मेरे दिल की ख़ामोशी को मिलाकर
अपनी मौसीक़ी क्यों बनायी?

तुमने आग पर
अपना नाम लिखने की कोशिश क्यों की
जबकि तुम्हारी उँगलियाँ हीरे की नहीं
जब आग लग जाती है
तो पता चलता है
बारिश कितनी अजनबी है
समन्दर कितनी दूर
और यह ख्वाब देखना मुश्किल हो जाता है
कि बहुत दूर
हमारे घर के पास

बर्फ़बारी हो रही होगी
मुझे वो ख़्वाब पसन्द नहीं
जो करवट
बदलने में टूट जाते हैं

मुझे वो बर्फ़ पसन्द नहीं
जिसे हम नंगे पाँव नाचते–नाचते
सुर्ख़ न कर सके।

आग लगने के वक़्त

हर रात एक आदमी
तुम्हारे बिस्तर और तुम्हारे हाफ़िज़े से चला जाता है
जब दरवाज़े पर शोर होता है
मेरी तलाश में
मुझे क़त्ल करने के लिए

गिरे हुए बोसों को उठाकर
तुम अपने ख़्वाब से बाहर चली जाती हो
मैं ज़मीन पर चाक से निशान बनाता हूँ
तुम्हारे ख़्वाब में आये हुए आदमी को
इस निशान में ले जाता हूँ

आधा दरवाज़ा कट चुका होता है
तुम लौटकर आ जाती हो
अपनी एड़ी से
चाक के निशान
और ख़्वाब में आये हुए आदमी को
मिटाने के लिए

मैं आख़िरी मंज़िल पर था
जब तुम्हारे मकान को आग लग गयी

1. हाफ़िज़े–स्मृति

यह कोई ग़ैर–मामूली बात नहीं

यह कोई ग़ैर–मामूली बात नहीं
कि मेरी तलाशी ली गयी
और मेरे दिल को छीन लिया गया

और न ये कि
मुझे बाहर निकालने के लिए
मेरे घर को आग लगा दी गयी
और न ये कि
कुत्ते पकड़ने की कैंची मेरी कमर में फँसाकर
मुझे ट्रक में डाल दिया गया
और न ये कि
जलते हुए कोयले को
अपनी मुट्ठी में छुपाकर मैंने पूछा
मेरे हाथ में क्या है
और तुम कोई जवाब न दे सकीं।

समन्दर ने तुमसे क्या कहा

"समन्दर ने तुमसे क्या कहा?"
इस्तगासा के वकील ने तुमसे पूछा
और तुम रोने लगे

"जनाबे आली! यह सवाल ग़ैर ज़रूरी है"
सफाई के वकील ने तुम्हारे आँसू पोंछते हुए कहा

अदालत में तुम्हारे वकील का एतराज़
और तुम्हारे आँसू
मुस्तरिद[1] कर दिये
आँसू रिकॉर्ड रूम में चले गये
और तुम अपनी कोठरी में

यह शहर सतहे–समन्दर से नीचे आबाद है
ये अदालतें शहर की सतह से भी नीचे
और–ज़ेरे–समाअत[2] मुलज़िमों की कोठरियाँ
उनसे भी नीचे

कोठरी में तुम्हें कोई रेशम की एक डोर दे जाता है
तुम हर पेशी तक एक शाल बना लेती हो
और अदालत बर्ख़ास्त हो जाने के बाद
उसे उधेड़ देती हो

1. मुस्तरिद करना–ख़ारिज करना, 2. जेरे–समाअत–मुक़दमे के अधीन

"ये डोर तुम्हें कहाँ से मिली?"
सुपरिंटेंडेंट ऑफ प्रिजन्स तुमसे पूछता है

"यह डोर एक शख़्स लाया था
अपने पाँवों में बाँधकर
एक बला को ख़त्म करने के लिए
एक पुरपेच[1] रास्ते से गुज़रने के बाद"

"वह आदमी अब कहाँ है'?"
ठण्डे पानी में तुम्हें गोता देकर पूछा जाता है
"वह आदमी रास्ता खो बैठा"
समन्दर ने तुमसे यही कहा था

1. पुरपेच–घुमावदा

जब तक तुम ये नज़्म ख़त्म करोगी

जहाँ तुम ये नज़्म ख़त्म करोगी
वहाँ एक दरख़्त उग आयेगा
शिकार की एक मुहिम में
तुम उसके पीछे
एक दरिन्दे को हलाक करोगी।

किश्तीरानी के दिन
उससे अपनी किश्ती बाँध सकोगी

एक इनामयाफ़्ता तस्वीर में
तुम उसके सामने खड़ी नज़र आओगी
फिर तुम उसे बहुत से दरख़्तों में गुम कर दोगी
और उसका नाम भूल जाओगी
और ये नज़्म।

ख़ुदा मुझसे नाराज़ हो गया है

ख़ुदा मुझसे नाराज़ हो गया है
ख़ुदा मुझसे नाराज़ होकर कहीं चला गया है
ख़ुदा को कहीं अगुवा[1] करने वाले न उठा ले गये हों
ख़ुदा को कहीं बेगार में न पकड़ लिया गया हो
ख़ुदा मुझसे नाराज़ हो गया है
मैंने ख़ुदा के दरख़्त से एक शाख तोड़ ली थी
ख़ुदा को कहीं लकड़हारे न उठा ले गये हों
ख़ुदा से को कहीं कुल्हाड़ी का दस्ता न बन गया हो

ख़ुदा मुझसे नाराज़ हो गया है
मैंने ख़ुदा की किताब से एक वरक़[2] फाड़ लिया था
ख़ुदा पर कहीं भारी–सी ज़िल्द न लगा दी गयी हो
ख़ुदा को कहीं छापेख़ाने के पत्थर पर न लिटा दिया गया हो

ख़ुदा मुझसे नाराज़ हो गया है
मैंने उसकी मैना का पिंजड़ा खोल दिया था

ख़ुदा मुझसे नाराज़ हो गया है
मैंने उसके आईने में अपना चेहरा देख लिया था

ख़ुदा मुझसे नाराज़ हो गया है
मैंने उसके तकिये पर अपना सिर रख दिया था

---

1. अगुवा करना–हरण करना, 2. वरक़–पन्ना

क्या पता ख़ुदा लौटकर मेरे पास आ रहा हो
ख़ुदा को किसी ने हशीश का पौधा बनाकर उगा दिया हो
क्या पता ख़ुदा लौटकर मेरे पास आ रहा हो
ख़ुदा को किसी ने मशीन के दनदाने[3] में फँसा दिया हो

ख़ुदा को कौन ढूँढ़कर मेरे पास ला सकता है
ख़ुदा के सिवा और किसी को मेरा पता मालूम नहीं

बाज़ लोगों को ख़ुदा
विरसे में मिलता है
बाज़ लोगों को तोहफ़े में
बाज़ अपनी मेहनत से हासिल करते हैं
बाज़ चुरा लेते हैं
बाज़ फर्ज़ कर लेते हैं

मैंने ख़ुदा किश्तों पर ख़रीदा था
किश्तों पर ख़रीदे हुए ख़ुदा
उस वक़्त तक दुआएँ पूरी नहीं करते
जब तक सारी किश्तें अदा न हो जायें

एक बार मैं ख़ुदा की किश्त वक़्त पर अदा न कर सका
ख़ुदा को मेरे पास से उठा ले जाया गया
जो लोग मुझे जानते थे
उन्हें पता चल गया
अब न मेरे पास ख़ुदा है
न क़बूल होने वाली दुआएँ
और
मेरे लिए ख़ुदा फर्ज़ कर लेने का मौक़ा भी जाता रहा

---

1. दनदाने–दाँत

जिसका कोई इन्तज़ार न कर रहा हो

जिसका कोई इन्तज़ार न कर रहा हो
उसे नहीं जाना चाहिए वापस
आख़िरी दरवाज़ा बन्द होने से पहले

जिसका कोई इन्तज़ार न कर रहा हो
उसे नहीं फिरना चाहिए बेक़रार
एक ख़ूबसूरत राहदारी में
जब तक वो वीरान न हो जाये

जिसका कोई इन्तज़ार न कर रहा हो
उसे नहीं जुदा करना चाहिए
ख़ून आलूद पाँव से
एक पूरा सफ़र

जिसका कोई इन्तज़ार न कर रहा हो
उसे नहीं मालूम करनी चाहिए
फूलों के एक दस्ते की क़ीमत
या दिन, तारीख़ और वक़्त।

मैं कुछ–न–कुछ बच जाता था

मुझे फ़ाक़ों से तक़सीम[1] किया गया
मैं कुछ–न–कुछ बच गया

मुझे तौहीन से तक़सीम किया गया
मैं कुछ–न–कुछ बच गया

मुझे नाइन्साफी से तक़सीम किया गया
मैं कुछ–न–कुछ बच गया

मुझे मौत से तक़सीम किया गया
मैं पूरा–पूरा तक़सीम हो गया

---

1. तक़सीम–बाँटना

बादशाह का ख़्वाब

बादशाह ने एक ख़्वाब देखा
उसने वह ख़्वाब अपने वज़ीर को सुनाया
वज़ीर ने ख़्वाब को अपने इस्तीफ़े में लिखा
और रूपोश हो गया

बादशाह ने वह ख़्वाब
अपने सिपहसालार को सुनाया
सिपहसालार ने ख़्वाब को अपनी तलवार पर लिखा
और एक लाख आदमियों को क़त्ल कर दिया

बादशाह ने वह ख़्वाब
शहज़ादी को सुनाया
शहज़ादी ने ख़्वाब को अपने ज़िस्म पर लिखा
और बाज़ार में बैठ गयी

बादशाह ने वह ख़्वाब
महजबी पेशवा को सुनाया
पेशवा ने वह ख़्वाब मुक़द्दस[1] किताब में लिखा
और एतेकाफ़[2] में चला गया

ख़्वाब की कोई ताबीर[3] न पाकर
बादशाह ने ख़्वाब को क़ैद करवा दिया

---

1. मुक़द्दस–पवित्र, 2. एतेकाफ़–एकान्त में ईश्वर की तपस्या, 3. ताबीर–ख़्वाब का नतीजा बयान करना

ख़्वाब के साथ जुड़वा ख़्वाब की ताबीर पैदा हुई थी
उसे तलवार के एक वार के ज़रिये ख़्वाब से जुदा कर दिया गया था
ख़्वाब बादशाह के पास चला गया
और ताबीर एक फ़क़ीर के पास

फ़क़ीर ने ताबीर को
अपनी कश्कोल[1] पर लिख दिया
एक दिन जब उसके पास खाने को कुछ नहीं रहा
कश्कोल निगलकर मर गया

ताबीर एक किसान के पास चली गयी
किसान ने ताबीर को अपने हल पर लिख दिया
एक दिन उसके पास जब बोने को कोई बीज नहीं रहा
उसने हल को ज़मीन में बो दिया

ताबीर एक जनाज़े के पास चली गयी
और उसके साथ–साथ चलने लगी
चूँकि मरने वले की कब्र को
कोई कतबा[2] मय्यसर नहीं हुआ था
ताबीर क़ब्र के सिरहाने खड़ी हो गयी

एक दिन कब्रिस्तान के पास से गुज़रते हुए
एक सिपाही ने ताबीर को
मश्कूक[3] हालात में देखकर गिरफ़्तार कर लिया

बन्दीखाने में
ख़्वाब और ताबीर
दोनों एक ही ज़ंजीर से जकड़ दिये गये

और उसी वक़्त बादशाह मर गया

---

1. कश्कोल–भिक्षपात्र, 2. कतबा–कब्र पर लिखावट, 3. मश्कूक–सन्दिग्ध

अगर कोई पूछे

अगर कोई पूछे
कि दरख़्त अच्छे होते हैं या छतरियाँ
तो बताना कि दरख़्त
जब धूप में उनके नीचे खड़ें हों
और छतरियाँ
जब हम सफ़र कर रहे हों
और सफ़र अच्छा होता है उन मंज़िलों का
जहाँ जाने के लिए
कई इरादे और कई सवारियाँ बदलनी पड़ती हों
हालाँकि सफ़र तो
उँगली में चुभ जाने वाली सुई की नोंक का भी होता है
और
उस आँख का भी
जो उसे दिल में जाता हुआ देखती है

अगर कोई पूछे
कि दरवाज़े अच्छे होते हैं या खिड़कियाँ
तो बताना कि दरवाज़े दिन के वक़्त
और खिड़कियाँ शामों को
और शामें उनकी अच्छी होती हैं
जो एक इन्तज़ार से
दूसरे इन्तज़ार में सफ़र करते हैं
हालाँकि सफ़र तो उस आग का नाम है
जो दरख़्तों से ज़मीन पर कभी नहीं उतरी

माँगने वाले को अगर
कच्ची रोटियाँ एक दरवाज़े से मिल जायें
तो उसे दियासलाई
अगले दरवाज़े से माँगनी चाहिए
और जब बारिश हो रही हो
तो किसी से कुछ नहीं माँगना चाहिए
न बारिश रुकने की दुआएँ

दुआ माँगने के लिए एक आदमी के पास
एक ख़ुदा का होना ज़रूरी है
जो लोग दूसरों के ख़ुदा से
अपनी दुआएँ कबूल कराना चाहते हैं
वे अपनी दायीं एड़ी में गड़ने वाली कील की चुभन
बायीं में महसूस नहीं कर सकते

जिससे मुहब्बत हो

जिससे मुहब्बत हो
उसे निकाल ले जाना चाहिए
आख़िरी कश्ती पर
एक मादूम[1] होते हुए शहर से
बाहर

उसके साथ
पार करना चाहिए
गिराये जाने की सज़ा पाया हुआ एक पुल

उसे हमेशा मुख़्तसर[2] नाम से पुकारना चाहिए

उसे ले जाना चाहिए
ज़िन्दा आतिश फसानों[3] से भरे
एक जंज़ीरे[4] पर

उसका पहला बोसा लेना चाहिए
नमक की कान[5] में बनी
एक अज़ीयत[6] देने की कोठरी के
अन्दर

---

1. मादूम–ग़ायब, नष्ट, 2. मुख़्तसर–छोटा, 3. आतिश फसान–ज्वालामुखी, 4. जज़ीर–द्वीप, 5. कान–खदान, 6. अज़ीयत–यातना

जिससे मुहब्बत हो
उसके साथ टाइप करनी चाहिए
दुनिया की तमाम नाइंसाफ़ियों के ख़िलाफ़
एक अर्ज़दाश्त[1]
जिसके सफ़हात[2]
उड़ा देने चाहिए
सुबह
होटल के कमरे की खिड़की से
स्वीमिंग पूल की तरफ़

1. अर्ज़दाश्त–प्रार्थनापत्र, 2. सफ़हात–पन्ने

दिलेर लड़की

कोठरियों का कन्ट्रोल सँभालने वालों ने
उससे कहा
जेल के सद्र दरवाज़े पर
उसका भाई मारा जा चुका है
तालीमी साल में ताखीर[1] और कारख़ानों में छांटी हो चुकी है
क़ैदियों का राशन
क़हतज़दा[2] लोगों की इमदाद के लिए
भेजा जा चुका है

सरकारी तातील[3] के दिन
उस तफ़रीहगाह की तरफ़
जहाँ से ज़ेल में मुलाक़ात के लिए जाने वालों के लिए
बसे चलती हैं
एक आदमी
उनसे मिलने
या उसकी लाश हासिल करने
जा रहा है

1. ताखीर–देर, विलम्ब, 2. क़हतज़दा–अकाल पीड़ित, 3. तातील–छुट्टी

मैं ज़िन्दगी का इस्तेमाल करना चाहता हूँ

मैं ज़िन्दगी का इस्तेमाल करना चाहता हूँ
किसी एपिक के लिखने में नहीं
अमीरुल[1] बह्र के मुजस्समे[2] के पास
एज़ाज[3] हासिल करने की तक़रीब[4] से अलग
नीम मलबूस[5] लीज़ा की तरग़ीब[6] के बावजूद
कैसीनों की सिलवट न भरते हुए
ख़्वाबों से घिरी
गवातावीता की झील की तलाशी लिए बग़ैर
लीमा के एक अस्पताल में
ज़िस्मफरोश लड़की की लाश पर चादर न फैलाते हुए
एक मामूली बारिश के नीचे
तुम्हारी मुहब्बत में
तुम्हें यह बताये बग़ैर
इस्तेमाल के बाद
फेंक देने की चीज़ है
ज़िन्दगी।

---

1. अमीरुल बहर—समुद्री फौज़ का कमाण्डर, 2. मुजस्समे—पुतला, 3. एजाज—सम्मान, 4. तक़रीब—समारोह, 5. नीम मलबूस—कम कपड़े पहने हुए, 6. तरग़ीब—आकर्षण

ज़िन्दा रहना एक मिकानिकी अज़ीयत है

ज़िन्दा रहना एक मिकानिकी[1] अज़ीयत[2] है
हम समझ सकते हैं
अपनी शर्म गाहों को गहरा काटकर
मर जाने वाली लड़कियाँ
क्यों कोई अलविदा ख़त नहीं छोड़तीं

और बच्चों की हड्डियाँ
कैसे दरख़्त की सब्ज़ टहनी की तरह मुड़ जाती हैं

ये दरख़्त पाकिस्तान में
हर जगह पाया जाता है

हम जानते हैं
ज़ियाफ़त[3] की किसी मेज़ पर
सेबों को हमारे मुल्क के परचम से चमकाया जा रहा है
मगर
गवाह चार किस्म के होते हैं
और फ़ैसला हमेशा
साफ हरूफ़ों में लिखा जाता है

हम उस लड़की की तरह नहीं
जो रज़ामन्दी देने का मलतब नहीं समझती

---

1. मिकानिकी–यान्त्रिक, 2. अज़ीयत–यातना, 3. ज़ियाफ़त–मेहमाननवाज़ी

और मलिका की काली ब्रेज़ियर्स
और तीन हज़ार जूतियों को
चूमने से मुतन्फ़िर[1] हैं
हमें दिया गया ज़हर
हमारे ज़िस्म से आँसुओं के ज़रिये खारिज़ नहीं होता

वैनेशियन ब्लाइंड से झाँककर
हम देख सकते हैं
आबी भेड़िये[2] किस तरह
हमारी औरतों को हामिला कर रहे हैं
और हमारी मसावातें[3] कहाँ हल हो रही हैं

फिर भी हमारी ज़िम्मेदारी है उस शख़्स को
जो अपनी उँगलियों के सिरों से
नज़र न आने वाले धागे निकालने की कोशिश कर रहा है
बता दें, ज़िन्दा रहना एक तसव्वराती[4] अज़ीयत भी है।

---

1. मुतन्फ़िर–जो रजामन्द न हो, जो घृणा करती हो, 2. आबी भेड़िये–पानी के भेड़िये, 3. मसावतें–सबको समान अधिकार मिलने का सिद्धान्त, 4. तसव्वराती–काल्पनिक, ख़याली

एक नयी ज़बान का सीखना

समन्दर के करीब
एक इमारत में
जहाँ मैं और पड़ोस के कुत्ते के सिवा
कोई तनहा नहीं पहुँचता
मैं एक नयी ज़बान सीख रहा हूँ
अपने आपसे बातें करने के लिए

□□